Héctor Trinidad

CAMBIA para cambiar el MUNDO

editorial ringorango

Héctor Trinidad

Reservados todos los derechos. Queda rigurosamente prohibida, sin la autorización escrita de los titulares del Copyright, bajo las sanciones establecidas en las leyes, la reproducción parcial o total de esta obra por cualquier medio o procedimiento incluidos la reprografía y el tratamiento informático. Diríjase a CEDRO (Centro Español de Derechos Reprográficos) si necesita fotocopiar o escanear algún fragmento de esta obra (www.conlicencia.com; 91 702 19 70 / 93 272 04 47)

©Cambia para cambiar el mundo
©Héctor Trinidad Quijada.
©Editorial Ringo Rango S.L.
C/ Poema Sinfónico, 25
28054 Madrid

info@ringorango.com
www.ringorango.com

ISBN: 978-84-946010-5-7
Depósito legal: M-39099-2016

Impreso en España.

A Noa y Alexandra, a Alexandra y Noa.

Índice general

Prólogo 9
1. El Ser Humano es capaz de hacer cosas extraordinarias.. 13
2. ¿Quieres ser extraordinario, luchar por tus SUEÑOS y CAMBIAR EL MUNDO? 27
3. ¿Cómo vamos a hacer tu proceso de CAMBIO? 37
4. ¿Instinto, Razón o Emoción? 47
   Ejercicio 1 73
5. Sentir, Actuar, Controlar 75
   Ejercicio 2 78
6. Miedo 79
   Ejercicio 3 89
7. Inseguridad 91
   Ejercicio 4 96
8. ¿Qué TE impide luchar por TUS SUEÑOS? 97
9. Autoconfianza 101
   Ejercicio 5 109
10. Motivación 111
    Ejercicio 6 118
11. Control emocional 119
    Ejercicio 7 135
12. Planificación 137
13. Echarle un par de huevos 143
14. Comencemos con el PLAN 149
15. Define un objetivo – Sueña 159
    Ejercicio 8 168

16. Hagámonos especialistas 171
    Ejercicio 9 184
17. Levanta los ojos 185
    Ejercicio 10 193
18. Apalancamiento 195
    Ejercicio 11 218
19. Foco 219
20. Formación Específica 223
    Ejercicio 12 227
21. Intensidad 229
    Ejercicio 13 238
22. Formación Complementaria – Personas 239
    Ejercicio 14 257
23. Formación Complementaria – Comunicación 259
    Ejercicio 15 262
24. Formación Complementaria – Liderazgo 267
    Ejercicio 16 270
25. Formación Complementaria – Ventas y Marketing 275
26. Vamos a empezar a darte cargos en TU EMPRESA 279
27. El Consejo de Administración 285
28. La Operación 291
    Ejercicio 17 316
29. El Plan 321
30. Crece, crece y crece 327
31. LOLA, PEPE y CARMEN 333
32. Realismo Creativo 343
33. Recapitulemos 353
34. ¿Comienzas a Cambiar para Cambiar el Mundo? 359
Apéndice - Opiniones de lectores 375

Prólogo

Conocí a Héctor en marzo de 2008 cuando el desarrollo de personas era sólo un aspecto tangencial en nuestro quehacer profesional.

Fui, por tanto, testigo presencial de su quiebre en el año 2009. Utilizo ahora palabras elegidas por él para describir su estado de aquel entonces. Perdido, toqué fondo, mi autoconfianza por los suelos, fuertes inseguridades, no me veía capaz de hacer nada bien, no tenía ni idea de como encarrilar mi vida, incapaz de dar el primer paso...

Ojalá nadie llegue a una situación parecida. Este libro que descubriréis a continuación es una invitación a un camino de esfuerzo y superación donde la palabra IMPOSIBLE se ha borrado del diccionario, donde por fin Ulises regresa a Ítaca con miles de experiencias y conocimientos en sus alforjas. Decía Buda que la máxima victoria es la que se gana sobre uno mismo.

Siete años después —dicen los astrólogos que cada siete años nuestra vida cambia conforme al ciclo de los planetas— tenemos en nuestras manos éste "Cambia... para cambiar el mundo".

En el capitulo uno el autor plantea las siguientes preguntas: ¿de qué va este libro?, ¿de autoayuda?, ¿de crecimiento? y nos invita a responder tales preguntas una vez finalizada la lectura del mismo. No seré yo, por tanto, quien responda a estos interrogantes.

Sí diré que, técnicamente, el libro está estructurado en dos partes bien diferenciadas.

La primera se dedica más al desarrollo personal, a que miremos hacia dentro de cada uno, a nuestro SER, para encontrar un sueño y las herramientas —que ya tenemos aunque no seamos conscientes— para conseguirlo.

La segunda está más enfocada al emprendimiento de un negocio con unos sencillos, pero bien construidos, ejemplos que nos pueden servir para conseguir nuestro objetivo.

Además el libro tiene una serie de ejercicios que se deben resolver con la inestimable ayuda de un buen cuaderno. Lo considero una ayuda imprescindible y aconsejo tener bien guardado por si nos fuera de utilidad en próximos retos que la vida o los negocios nos puedan plantear.

Emocionalmente me parece un libro sencillo, no exento de rigor, que explica el camino de una persona que tocó fondo en su camino hacia el éxito, trabajando en silencio, día a día, con un SUEÑO y una decisión INQUEBRANTABLE. Y nada mejor que su lectura para alumbrarnos un camino donde cambió poco a poco su inseguridad por seguridad, su miedo por ilusión... en fin una gozada de lectura que nos hará más fácil conseguir nuestras metas, descubrir nuevos mares, nuevos puertos y muchas personas que nos acompañarán en tal aventura.

Gracias amigo Héctor. Espero que los lectores disfruten tanto como lo hice yo, se planteen nuevos retos como me sucedió a mi y enhorabuena por contarnos tu experiencia y una etapa del camino de tu vida. Creo que es una buena manera de demostrar a los demás que los sueños se pueden conseguir, que se pueden cambiar nuestros mundos. Estoy seguro de que tu éxito será una buena guía para muchas otras personas que en algún momento de su vida se puedan ver identificadas.

Para despedirme y finalizar, dejadme que ilustre estas líneas con una cita de Julio Cortázar que viene como anillo al dedo: "Nada está perdido si se tiene el valor de proclamar que todo está perdido y hay que empezar de nuevo."

Ahora nos toca empezar a todos y cada uno de nosotros a "Cambiar... para cambiar el mundo".

Juan Antonio Escribano
Coach.

1 El Ser Humano es capaz de hacer cosas extraordinarias

El 8 de mayo de 1945 terminó la Segunda Guerra Mundial, entre 55 y 60 millones de personas murieron, de las cuales, 12 millones fueron exterminados en campos de concentración. Pero no vamos a hablar de ellos, sino de los supervivientes. Personas que, después de vivir un auténtico calvario durante un largo periodo de tiempo, de repente, se tuvieron que enfrentar a una nueva realidad, continuar adelante y reconstruir su vida.

El 26 de abril de 1986 se produjo la explosión del reactor número 4 de la central nuclear de Chernóbil, en la antigua Unión Soviética, además de las personas que fallecieron directamente en el accidente, 5 millones de personas se vieron expuestas, en mayor o menor medida a la radiación, y desde hace casi 30 años, han tenido que continuar con sus vidas.

El 26 de diciembre de 2004, ocurrió un colosal terremoto en el Océano Índico, conocido como el terremoto de Sumatra en Indonesia. El terremoto provocó una serie de tsunamis devastadores que causaron la muerte a unas 300.000 personas. Pero nuestro foco no va a ser las víctimas mortales, sino los miles de personas que lo perdieron todo y, al día siguiente, después de haber sobrevivido, tuvieron que reconstruir nuevamente sus vidas.

Estos son algunos ejemplos de situaciones límite en las que la vida nos puede situar a cada uno de nosotros en un momento determinado, ninguna de las víctimas buscaron estar en esa situación, ninguno pensó, el día anterior a que ocurra cualquier tragedia que, a partir del día siguiente su vida sería diferente, y que nunca volvería a vivir bajo los parámetros y la realidad en las que habían vivido hasta ese momento.

Ninguno de ellos estaba preparado para lo que iba a suceder, ni para seguir viviendo con las consecuencias que cualquiera de estos desastres provocó.

Sin embargo, el ser humano es capaz de eso y de mucho más, es capaz de hacer cosas extraordinarias, es capaz de sobrevivir a situaciones límite y es capaz, cuando lo ha perdido todo, de reinventarse y seguir adelante.

 **¿Por qué te digo todo esto?**

Porque las personas cambiamos y evolucionamos por dos motivos:

— Porque nuestro entorno, la naturaleza, la sociedad, nuestra empresa, nuestra familia o amigos nos "obligan", en el sentido de que todo avanza y como no nos adaptemos rápidamente, nos quedamos descolgados, desubicados, perdidos.
— Porque nosotros lo decidimos así.

> **? Y... ¿Qué crees que es más fácil?**
> **¿Y lo más común?**

Curiosamente, nuestra mente nos juega muy malas pasadas, ya que nos da una sensación enorme de MIEDO a lo desconocido, a tomar decisiones arriesgadas, a cambiar por nosotros mismos.

Sin embargo, se acomoda muy fácilmente a los cambios que nos imponen y, cuando no queda más remedio que evolucionar, lo hace de una manera extraordinaria.

En definitiva nos cuesta muchísimo cambiar, pero cuando hemos tocado fondo, lo hemos perdido todo, ese MIEDO se desvanece y aparece nuestro instinto de supervivencia.

Entonces,

> **? ¿Por qué, si el ser humano demuestra constantemente que es capaz de evolucionar, no marcamos nosotros el ritmo de esta evolución, de este cambio?**
> **¿Por qué no somos los dueños de nuestra vida y dejamos las decisiones en manos de otros?**
> **¿Por qué nos influye todo los que los demás opinen y no le damos importancia a nuestras propias decisiones y opiniones?**

Te voy a poner algún ejemplo más, un poco más cotidianos, para que veas que el ser humano siempre se resiste al cambio, pero que siempre acaba cambiando y evolucionando.

Quiero que intentes recordar la época de finales de los 80, principios de los 90, en esa época comenzó a surgir una nueva tecnología basada en la telefonía móvil o celular, ¿recuerdas?

¿En algún momento dijiste que nunca tendrías un teléfono móvil?
¿Cuántas personas conoces que dijeron que no lo tendrían?

Ahora en el mundo hay más teléfonos celulares que personas y no podemos imaginar la vida sin ellos.

Ya en el segundo milenio comenzó la era de internet y de las Redes Sociales,

¿Pensaste, por aquellos entonces, que Redes como Facebook, LinkedIn o Twitter pudieran tener alguna aplicación profesional?
¿Pensaste que algún día lo utilizarías en tu trabajo?

Hoy en día el marketing on-line es la herramienta más poderosa de comunicación de las compañías, LinkedIn es el medio más utilizado por los reclutadores de todo el mundo para buscar candidatos para sus ofertas de empleo y, alguien que no está en las Redes Sociales parece que no existe en el mundo actual en el que vivimos.

Te puedo poner más ejemplos: cuántos dijimos que no nos casaríamos, que no tendríamos hijos, que si los tuviéramos les dejaríamos ser libres y hacer lo que quisieran, que no pasaríamos los sábados en un centro comercial, o que éramos espíritus libres y no nos dejaríamos dominar por unas absurdas reglas sociales.

Pues hoy, y me pongo a mí como ejemplo, estoy casado, tengo dos maravillosas niñas, disfruto yendo a un centro comercial los sábados con mi familia y, aunque me resisto a pensarlo y quiero sentirme un espíritu libre, estoy metido en la deriva de una sociedad que nos domina a todos.

¿A ti no te domina?
¿Estás seguro?
¿No tienes una hipoteca?
¿No pagas recibos de suministros para sobrevivir?
¿No haces las mismas cosas y a la vez que el resto de los mortales: despertarte, ir a trabajar, ir de compras donde te dicen, irte de vacaciones a los mismos sitios y en las mismas fechas que la mayoría de tus amigos, vecinos, compañeros...?

Todos, en mayor o menor medida, estamos dominados por la sociedad, yo lo denomino "EL RÍO", ese río de la vida que te lleva con su corriente y en el que estás a gusto, aunque no te apasione lo que haces, lo que vives, en qué trabajas, cuánto dinero ganas, tu relación, tus amistades...

Pero... es que salirte del río es muy difícil, nadar contra corriente es muy complicado, muy cansado y requiere de múltiples y variadas **ACTITUDES** y **APTITUDES**.

Y de eso precisamente es de lo que va a tratar este libro, de cómo salirte del río, de cómo abandonar lo que muchos llaman "**ZONA DE CONFORT**", de cómo hacer un ejercicio de **AUTOCONOCIMIENTO** y comenzar a tomar decisiones por uno mismo, de cómo nadar contra corriente sin ahogarte, sin morir en el intento.

No estoy diciendo con esto que este libro sea una apología de la revolución contra el sistema, pero **SÍ** que vamos a intentar despertar en ti un poquito de ese espíritu rebelde, inconformista, para que seas un poco menos abnegado...

 **¿Sabes que quiere decir ser abnegado?**

Es una palabra que a mí me gusta a menudo utilizar, y leer, y volver a leer su significado, porque es algo que he sido muchos años de mi vida (la mayoría) y que un día decidí que no volvería a ser.

Abnegación – "Renuncia voluntaria a los propios deseos, afectos o intereses en beneficio de otras personas"

Pero al leer esto, tú me podrás decir...

"Pero entonces...si no soy abnegado, ¿es que decido ser egoísta y solo pensar en mí mismo, sin mirar por los demás?"
En absoluto, es totalmente lo contrario, es el primer paso que debes dar para comenzar a desarrollar tu GENEROSIDAD.

Generosidad – "La generosidad del ser humano es el hábito de dar y entender a los demás".

¿Has visto la diferencia?

Cuando eres abnegado, renuncias a **TUS** deseos para **COMPLACER** a los demás, provocando siempre frustración en tu interior.

Sin embargo, cuando eres generoso, decides **DAR** a los demás y esforzarte por entenderles, por ser empático.

Decides **REGALAR** a los demás lo mejor de ti mismo, personal o material, y lo decides voluntariamente, lo que hace que, no solo no te llene de frustración, sino que te llena de alegría, de orgullo, de satisfacción.

Te pongo un ejemplo,

¿Te ha pasado alguna vez que has hecho algo que alguien te ha pedido, que no te apetecía hacerlo, pero que al final lo has hecho por MIEDO a decirle que NO?

Seguro que sí, ¿verdad? Y te voy a hacer otra pregunta:

¿Cómo te sentiste?

Ahora, por el contrario...

¿Te ha pasado alguna vez que has decidido ayudar a alguien que has visto que lo necesitaba, sin que ni siquiera te lo hubiera pedido?

Estoy seguro que lo has hecho en más de una ocasión, claro que sí. Entonces te vuelvo a hacer la pregunta:

> **?** ¿Cómo te sentiste en esa ocasión?

Esa es la diferencia entre ABNEGACIÓN y GENEROSIDAD.
Una vez escuché una frase que comparto contigo y que dice:

> **"** "Cada minuto que inviertes luchando por los SUEÑOS de otro, es un minuto que pierdes en la lucha por tus propios SUEÑOS"

Deja de malgastar tus energías para hacer que otras personas cumplan sus SUEÑOS, comienza a enfocarte en ti mismo, en hacer realidad tus SUEÑOS, y luego, te aseguro que conseguirás hacer mucho más felices a muchísimas más personas.

Por eso este libro se llama "CAMBIA... para CAMBIAR EL MUNDO", porque no podemos hacer algo grande si no cambiamos nosotros.

¿Por qué? Porque cometemos el error de intentar cambiar a todos los demás y no nos paramos a analizar si los que debemos cambiar somos nosotros, y porque el cambio, el auténtico cambio, es un proceso expansivo, como una gran ola, que debe ir desde lo más profundo de tu interior, fluyendo hacia el exterior y de ahí, coger fuerza para poder cambiar a todo el mundo.

¿Muy ambicioso? Claro que sí, pero no imposible si:
— Quieres hacerlo.
— Sabes cómo hacerlo.
— Tienes las herramientas.

No creas que no puedes hacerlo, a partir de ahora te voy a enseñar y te voy a dar las herramientas para que, de una forma planificada y estructurada, puedas aprender, si lo deseas:

— Cómo dejar de ser "cambiado por el mundo" constantemente.
— Cómo comenzar a CONOCERTE (porque sé que NO TE CONOCES en absoluto, si no estás de acuerdo conmigo en esto al terminar de leer el libro, me comprometo a devolverte el dinero que hayas invertido en él ☺).
— Cómo desarrollar tu proceso de CAMBIO y EVOLUCIÓN PERSONAL.
— Cómo definir tu SUEÑO, para que puedas luchar por él.
— Cómo realizar un PLAN para la consecución de ese SUEÑO, es decir como plasmar tu VISIÓN, que no es más que el COMPROMISO de luchar por tu SUEÑO.
— Cómo ejecutar ese PLAN.

— Cómo finalmente, después de cambiar tú personalmente, comenzar a cambiar TU MUNDO. Y en este punto tú decidirás donde te quieres parar: en tu familia, en tus amigos, en tu ciudad, tu país... o el mundo entero.

Ahora es el momento de que te preguntes...

> **¿Este libro de qué va?**
> **¿De autoayuda?**
> **¿De desarrollo personal?**
> **¿De emprendimiento?**

La respuesta a esa pregunta la debes contestar tú al finalizar el libro, porque en todo el proceso que vamos a ver, te voy a ayudar a:

— Desarrollar tu proyecto empresarial.
— Pero para ello vas a necesitar desarrollar muchas habilidades personales.
— Y todo eso te va a servir para conocerte mejor.

Y te anticipo que lo vamos a hacer en el orden inverso, es decir:

— Primero te conocerás mejor.
— Después te llenarás de herramientas para enfrentarte a la lucha por tu SUEÑO, para hacer realidad tu VISIÓN.
— Y por último, si tu SUEÑO implica un proyecto empresarial, utilizaremos ese crecimiento personal y esas herramientas

en el diseño y ejecución de un **PLAN** para la consecución del mismo.

Por eso te digo que, al finalizar el libro, entenderás que la magnitud del cambio **SOLO** depende de ti, hasta donde quieras llegar y hasta donde estés dispuesto a luchar por la búsqueda de tu **SUEÑO**.

Porque una cosa te anticipo ahora, y te lo repetiré muchas veces a lo largo del libro:

"ERES CAPAZ DE HACER TODO LO QUE TE PROPONGAS, PERO NADIE TE VA A REGALAR NADA, NO CREAS A QUIEN TE DIGA QUE ES MUY FÁCIL"

Y te lo dice alguien que, ya hace muchos años, decidió que quería **CAMBIAR EL MUNDO** y comenzó a trabajar y luchar para ello. Por eso, te aseguro 2 cosas:

1) El camino no es fácil, vas a tener que trabajar mucho, en muchos y variados aspectos, que probablemente no los hayas trabajado **NUNCA EN TU VIDA**.

2) Sin embargo, es **POSIBLE**. Por lo que si decides cambiar el mundo entero y que no sea el mundo el que te cambie a ti, encontrarás en mí un aliado para siempre en tu propósito y en tu camino.

Como te decía al comienzo, el ser humano es capaz de hacer cosas espectaculares e increíbles, es tu decisión si quieres hacerlas, y por eso te voy a hacer una pregunta que me gustaría que me contestaras con sinceridad:

> **¿Comenzamos?**

2 | ¿Quieres ser extraordinario, luchar por tus SUEÑOS y CAMBIAR EL MUNDO?

Te lo voy a repetir muchas veces en este libro, el ser humano es capaz de hacer cosas extraordinarias cuando le ponen al límite, sin embargo, también es capaz de acomodarse en su "ZONA DE CONFORT" y no evolucionar autónomamente en meses, años... toda su vida.

Llevo muchos años escuchando mensajes tales como:

"Sal de tu zona de confort"
"Allí no crece nada"
"Tú puedes hacerlo"
"Es fácil si tienes voluntad"

Y todos esos mensajes son muy bonitos y motivadores, pero no es verdad que sea FÁCIL. Y lo más importante: nadie te dice cómo hacerlo.

Eso hace que, cuando escuchas esas cosas: o no confíes en lo que te dicen, o te sientas inútil porque crees que todo el mundo es capaz de conseguir "FACILMENTE" sus SUEÑOS menos tú.

De eso va a tratar este libro, vamos a intentar hacer una guía para salir de tu "ZONA DE CONFORT", ya que supongo que si sigues leyendo es porque hay algo que no te gusta en tu vida, que quieres cambiar, pero que no sabes por dónde empezar... ¿Verdad? Pues te voy a decir 2 cosas que espero que te tranquilicen:

> "No te preocupes, es normal que quieras pero que no sepas cómo"
> "A ninguno nos han enseñado a tomar las riendas de nuestra vida, NUNCA"

Te voy a empezar a contar mi historia:

Hace muchos años que fui a la universidad, sin saber muy bien qué era lo que quería estudiar, es más, tan liado estaba que comencé a estudiar Ingeniería Industrial, simplemente porque me dijeron que era buen estudiante, tenía buenas notas de acceso a la universidad y era una carrera que a mis padres les "hacía ilusión" que su hijo estudiara.

20 años después te puedo contar, entre otras cosas, que mi capacidad de visualización espacial es mínima, soy incapaz de imaginarme una reforma en mi casa, y encima me siento inútil cuando mi mujer hace planos maravillosos con una servilleta y un bolígrafo.

Entonces, ¿cómo iba yo a ser Ingeniero Industrial? Era IMPOSIBLE.

Pues como era IMPOSIBLE, pasó lo que tenía que pasar, después de 2 años disfrutando de grandes fiestas universitarias porque mi MOTIVACIÓN para esforzarme en aquello que no entendía era INEXISTENTE, decidí cambiar de rumbo y orientarme hacia Administración y Dirección de Empresas, ya que, como decían entonces (no sé si aún lo dirán) en la escuela de Ingeniería Industrial: "El que vale, vale, y el que no a Empresariales"...pues allí que fui yo.

Y la verdad es que me fue muy bien, cursé mi carrera con buenas notas y terminé en los cursos que estaba establecido.

Sin embargo: ¿Eso quería decir que cuando terminé la carrera estaba listo para Administrar o Dirigir una empresa?

> ¡¡¡¡ NOOOOOOOOOOOOOOOOOOOO !!!!!
> ¡¡¡¡ Ay amigo !!!!

(O amiga, no creas que discrimino un género u otro, pero para no estar todo el libro incluyendo los dos géneros, lo haré siempre en masculino, espero que no te importe ☺).

> ¡¡¡¡ Pobrecito ignorante de mí !!!!

Creía que iba a comerme el mundo, y el mundo casi me come a mí. Estaba verde, verdísimo. Podía saber mucho (o por lo menos algo) de cosas técnicas, pero enfrentarme al mundo de "los mayores" era otra cosa.

Y eso que estamos hablando de "trabajar para alguien", donde te dicen exactamente todo lo que tienes que hacer, y "solo" tienes que aprender cómo hacerlo.

Porque si hablamos de emprender un negocio (se llamaba Administración y Dirección de Empresas, ¿verdad?, debería estar preparado, ¿no crees?), eso ya son palabras mayores.

A emprender y montar un negocio no se aprende de otra manera que... "haciéndolo", por lo que si estás pensando en "emprender", espero que sigas leyendo este libro, porque te intentaré enseñar CÓMO HACERLO, de una manera distinta a lo que te han dicho hasta ahora.

¿Y por qué distinta?

9 años después de terminar mi carrera universitaria, comenzar a trabajar en el mundo "real" y seguir estudiando para ser "muy bueno" en lo que hacía... decidí cambiar de rumbo y dedicarme a algo que me gustaba más que lo que estaba haciendo (trabajaba en un banco), me estoy refiriendo a enseñar a los demás.

Así que, gracias a mi formación y mi experiencia, comencé a desarrollar cursos de "Emprendimiento" para personas desempleadas.

Como ya te he dicho, las personas solo cambiamos porque la vida nos obliga, o porque lo decidimos.

¿Recuerdas?

Este taller lo desarrollé en muchas ocasiones, pero no olvidaré nunca a mi primer grupo de personas. Estos alumnos se encontraban en la primera situación que os planteo, los que DEBEN CAMBIAR porque la vida les ha obligado.

Corría el año 2009 y la crisis había provocado que se quedasen sin empleo, lo que significaba que su situación profesional y personal no fuera muy cómoda, a lo que se unía un estado anímico muy deteriorado por la falta de perspectivas que había en el país y, por consiguiente, para sus vidas.

Pues bien, en esos talleres trabajamos desde un punto de vista técnico todo lo que había que hacer para montar una empresa, y también trabajamos para recuperarles anímicamente, ya que su **AUTOESTIMA** estaba por los suelos.

La pregunta que te hago es la siguiente:

¿Sabes cuántos de los que estábamos allí montaron su empresa?
SOLO UNO ☹.
¿Por qué?
Porque "cambiar no es fácil", incluso aunque lo estés pasando mal.

Porque la "ZONA DE CONFORT" no quiere decir que lo estés pasando bien, significa que es a lo que estás **ACOSTUMBRADO**, y **NUNCA** olvides que:

"Acostumbrarse es una forma de morir"

Tú puedes ser completamente **INFELIZ** en tu trabajo, en tu casa, con tu pareja, con tu vida, pero estás acostumbrado a ello y tienes **MIEDO A CAMBIAR**, por lo que, aunque estés **MAL**, sigues en tu "ZONA DE CONFORT".

Gracias a esa experiencia en el año 2009 me dije a mí mismo que eso no podía seguir así.

SENTÍA que había hecho todo CORRECTAMENTE, le había dado a mis alumnos mucho más de lo que el PROGRAMA me pedía.

Habían tenido una formación técnica completísima y, además, una parte de desarrollo humano que les iba a ayudar a recuperarse anímicamente y sentirse capaces. Veía las evaluaciones que los alumnos hacían al taller y eran EXCELENTES, entonces...

 ¿Qué había fallado para que no EMPRENDIERAN?

No lo entendía y no me conformaba con lo que veía, tenía que seguir explorando y formándome para hacer las cosas mejor. Tenía un gran sentimiento interno de fracaso por no haber conseguido mi objetivo, que los alumnos emprendieran, y no me consolaba que estuvieran completamente satisfechos con la formación recibida.

Afortunadamente hoy, con el paso del tiempo, sé cuáles fueron las causas de mi fracaso, y la principal es que el "espíritu emprendedor" no se aprende con un libro (pues sí que os estoy dando ánimos para seguir leyendo), sino que el "espíritu emprendedor" debe ser una actitud vital.

Los sentimientos, pensamientos, maneras de vivir de un emprendedor, son totalmente diferentes a los de un trabajador, por lo que si estás pensando en emprender, asume desde ahora que, si quieres tener éxito,

 **TIENES QUE CAMBIAR, DESDE TU INTERIOR.**

Todos (o muchos) hemos tenido la sensación en algún momento de nuestras vidas que montar una empresa era muy sencillo, es más, seguro que hemos pensado:

"Hay que ver mi jefe, que no hace nada y se lleva todo el dinero a final de mes, cuando los que nos matamos a trabajar somos los demás. Seguro que si la empresa fuera mía, lo haría mucho mejor, ganaría más dinero y trataría mejor a los empleados..."

Bueno, pues si lo tienes tan claro...

 **¿Por qué no lo haces?**

Una cosa es protestar y otra muy distinta es pasar a la acción, ¿verdad?

Además, si estás dentro de tu "ZONA DE CONFORT" es mucho más difícil.

Te pongo el ejemplo de mis alumnos de mi primer taller de "Emprendimiento": si no conseguí que ninguno emprendiera, cuando era gente que había perdido su trabajo, imagínate lo difícil que debe ser que uno deje su "seguridad" y se lance a la aventura.

Por eso, por muchos mensajes que leas de:

> "Lucha por tus sueños"
> "Tú eres capaz"
> "Solo tienes que proponértelo"

...yo les diría...

> ¡¡¡¡¡ JAAAAAAAAAAAA !!!!!
> ¡¡¡¡¡ Qué fácil es dar consejos gratuitamente !!!!!

Mi querido amigo, CAMBIAR, salir de tu "ZONA DE CONFORT", EMPRENDER... no es fácil, nada fácil si no lo has hecho nunca.

No creas el discurso de moda de nuestros tiempos que te hacen sentir como si fueras el único cobarde del mundo. La inmensa mayoría de las personas no lo hacen, no luchan por sus SUEÑOS, no se atreven.

Por eso, ese discurso cala tanto entre la gente, porque es lo que la mayoría QUERRÍAMOS HACER, pero lo que casi NINGUNO HACEMOS.

Buscando el símil, es como cuando ves una película y nos identificamos con el héroe. Todos queremos serlo, todos queremos hacer cosas grandes.

Todos soñamos con ser Steve Jobs o Bill Gates, nos compramos su biografía o leemos los "5 consejos de Steve Jobs para triunfar en la vida", pero os aseguro dos cosas:

1) Serlo no es fácil y no se aprende LEYENDO un libro (sin embargo espero que sigas leyendo este, porque te anticipo que si quieres CAMBIAR, vas a tener que TRABAJAR. Y este libro, si lo quieres aprovechar, te va a hacer TRABAJAR).

2) Puedes comenzar a caminar y evolucionar, eso sí, debes estar dispuesto a hacer muchos sacrificios.

> "En la vida hay dos caminos, el FÁCIL y el DIFÍCIL. Si solo estás dispuesto a elegir el FÁCIL, será DIFÍCIL que consigas tus SUEÑOS. Sin embargo, si estás dispuesto a elegir el DIFÍCIL, será más FÁCIL que los consigas"

Por eso, en este libro no vas a ver falsas promesas, propaganda barata, frases motivadoras ni discursos motivadores diciéndote que es FÁCIL.

En este libro vas a ver CÓMO hacerlo. Si quieres hacerlo (luchar por tus SUEÑOS), antes de tomar la decisión debes ser consciente que eres tú el que debe CAMBIAR desde tu interior, para después CAMBIAR EL MUNDO.

No te voy a decir que es un proceso corto, porque es un proceso que te llevará, si las cosas van bien, el resto de tu vida.

Pero no te preocupes, porque en el proceso de aprendizaje, irás descubriendo cómo, poco a poco, cada vez te supondrá menos esfuerzo, y eso significará que ya has CAMBIADO, EVOLUCIONADO, que ya no eres la misma persona que un día comenzó a caminar.

¿Y cómo sé que podemos hacerlo si fracasé con mis alumnos en mi primer taller de "Emprendimiento"?

Porque os dije que solo uno emprendió...

Y esa persona fui yo.

Por eso, este libro va a compartir contigo lo que significa "lanzarse a una nueva aventura" en la que nada está escrito, en la que solo tú escribirás cada una de las páginas del libro de tu "NUEVA VIDA".

¿Continuamos?

3 ¿Cómo vamos a hacer tu proceso de CAMBIO?

Las cosas **IMPOSIBLES** se hacen, de poquito a poquito.

No te asustes si no sabes por dónde comenzar, o si cuando escuchas **CAMBIAR EL MUNDO** piensas que estoy loco... es **NORMAL** que te pasen ambas cosas.

Por eso nos vamos a embarcar juntos en tu proceso de **CAMBIO** en el que, paso a paso, vamos a ir consiguiéndolo.

A lo largo de todo el proceso, vas a aprender a generar un cambio desde tu interior, y cómo extender ese cambio hacia el exterior, transformando todos los aspectos de tu vida.

Para ello, vas a hacer una serie de ejercicios que te voy a proponer para que reflexiones y trabajes sobre ti mismo.

Estos ejercicios son solo para ti, nadie más va a ver lo que pienses, digas y escribas, van a ser ejercicios de reflexión y auto conocimiento.

Debido a esto, a que nadie más que tú va a saber los resultados de los ejercicios, te voy a pedir que seas sincero (aunque te duela a veces lo que descubras, que te puedo asegurar que te dolerá).

El lado bueno es que no vas a tener que dar explicaciones de nada a nadie, solamente a ti mismo, y te puedo asegurar que si haces la tarea de una manera profunda, ordenada, consciente y sincera, podrás comenzar a desarrollar tu nuevo yo.

Como actualmente se dice, debes "desaprender para poder aprender", y veremos la manera en que tienes "aprendidas" muchas cosas en tu interior que no te dejan evolucionar y que, estoy seguro, no te gustan y te gustaría cambiar.

A estas cositas (o *cosazas*) que asumes como VERDADES absolutas, y que no te dejan CRECER, es lo que llamamos CREENCIAS.

Si eres sincero contigo mismo, te explicaré la manera de detectar estas cosas que no te gustan y te ayudaré a que las cambies.

Pero una cosa te anticipo y quiero que lo tengas CLARO, CLARO, CLARÍSIMO, el primer paso para CAMBIAR siempre va a ser QUERER CAMBIAR, si piensas:

 "Yo soy así, y a quien no le guste, que se aguante"

Este libro no te servirá para nada, ya que sería cómo querer ponerse en forma sin querer levantarse del sofá. Los artilugios de gimnasia pasiva que prometen resultados milagrosos sin apenas esfuerzo están muy bien para comprarlos en un canal de televisión de venta directa a las 4 de la mañana, pero...

 ¿Conoces a alguien que le haya funcionado?

No hace falta que me digas la respuesta ☺.

Si de verdad quieres CAMBIAR, además de hacer ejercicios, ilustraremos todo el proceso con una serie de ejemplos REALES, de personas NORMALES, como TÚ y como YO (de hecho uno de los ejemplos será mi propia historia) para que te des cuenta cómo todo lo que hablemos lo podemos aplicar a múltiples ámbitos de la realidad individual de cada persona y, por supuesto, de tu **REALIDAD**.

Te anticipo los ejemplos sobre los que vamos a trabajar y nos van a ir acompañando en tu proceso de **CAMBIO**:

1) En primer lugar, veremos un ejemplo cuya historia gira alrededor del "Camino de Santiago".
   Estoy seguro que casi todos hemos deseado alguna vez realizarlo y no todos lo han conseguido.
   Veremos, con un ejemplo **REAL** de una persona **REAL**, cómo sacar la motivación suficiente para prepararse y hacerlo, pero además veremos cómo, si se **QUIERE**, se puede ir mucho más allá, hasta el punto de que el Camino de Santiago sea una manera de "ganarse la vida". Y, nuevamente si se **QUIERE**, se puede llegar mucho más allá y **CAMBIAR EL MUNDO**.

2) En segundo lugar, pondremos el ejemplo de "Ir a un gimnasio".
   Eso sí que estoy seguro que has dicho alguna vez que lo ibas a hacer, incluso a lo mejor lo has hecho, ¿verdad?
   Y estoy bastante seguro que muy pocos de los que pensaron en apuntarse a un gimnasio y lo hicieron, han conseguido seguir en el tiempo ese impulso inicial, ¿cierto?
   Por eso, a través de este ejemplo **REAL** de una persona **REAL**, veremos la manera de encontrar la **MOTIVACIÓN**

para hacerlo y mantenernos en el tiempo y, nuevamente, veremos cómo, si se **QUIERE**, se puede ir mucho más allá, ganarse la vida gracias al ejercicio físico y, si se **QUIERE**, poder llegar a **CAMBIAR EL MUNDO**.

3) Nuestro siguiente ejemplo va a estar relacionado con algo muy cercano para todos: "Buscar Trabajo".

    Todos, en mayor o menor medida, ya sea directa o indirectamente con personas cercanas de nuestro entorno, hemos sufrido o estamos sufriendo las consecuencias del desempleo, y vemos cómo, día a día, la tarea de buscar empleo se vuelve en una losa que va deteriorando nuestra economía, nuestra autoestima, nuestro desarrollo personal y profesional, nuestras relaciones sociales... en definitiva afecta a todos los planos de la persona.

    Con ejemplo **REAL** de una persona **REAL**, veremos cómo, si se **QUIERE**, uno puede ganarse la vida gracias a la "Búsqueda de Empleo" y cómo, nuevamente, si se **QUIERE** ir más allá, se puede **CAMBIAR EL MUNDO**.

4) Por último, a lo largo de este libro te iré contando mi propia historia.

    Si recuerdas, te dije que en el año 2009 tenía todos los conocimientos técnicos y la mejor de mis **ACTITUDES** cuando comencé a impartir mi primer taller de emprendimiento. Igualmente recordarás el sentimiento de **FRACASO** que tuve al no conseguir que mis alumnos emprendieran.

Y también recordarás que te dije que de ese primer taller, el único que los asistentes que en ese momento emprendió fui yo.

¿Recuerdas todo eso?

En mi ejemplo personal compartiré contigo cómo, GRACIAS a esa sensación de fracaso, hoy estoy escribiendo este libro.

Cómo, después de 7 años, este libro es la parte final del proceso de ese día comencé para completar lo que dejé inacabado.

Y os contaré todos los pasos que, a lo largo de 7 años he dado en un proceso APASIONANTE de CAMBIO.

¿7 años?

Si recuerdas, te he dicho ya varias veces que, en el momento que tomes la decisión de CAMBIAR, eso va a CAMBIAR tu vida, y que será para SIEMPRE, por lo que 7 años es el tiempo que pasó desde que decidí CAMBIAR hasta hoy, pero esto no ha terminado, este proceso de CAMBIO seguirá TODA MI VIDA.

En mi ejemplo verás cómo no ha sido, ni es, ni será fácil, y además te aseguro que mi camino está lleno de errores que he cometido, sigo cometiendo y cometeré en el futuro.

Lo que sí te puedo asegurar es que de todos esos errores he aprendido, tanto que ahora, en vez de enfadarme cuando me equivoco o cometo algún error, lo veo como otra oportunidad para seguir creciendo.

> "He aprendido tanto de mis errores, que estoy pensando en cometer muchos más"

No creas a nadie que te diga que todo es maravilloso y perfecto, eso es mentira. Como me dijo una vez un maestro, mentor y gran amigo mío:

> "El empresario que dice que todo va bien, está mintiendo para aparentar, sin embargo cuando veas a alguno quejarse, ese seguro que está triunfando"

En resumen, lo que te compartiré no es más que mi experiencia para que te sirva como guía de alguna de las cosas que te puedes encontrar en tu camino, para que las tengas en cuenta.

Es una de las grandes diferencias respecto a hace 7 años, que antes lo explicaba a mis alumnos desde un punto de vista teórico, ideal, idílico... y la vida **REAL** no es ni **TEÓRICA**, ni **IDEAL**, ni **IDÍLICA**, la vida hay que vivirla y enfrentarte a ella cada día.

Muchas de las cosas que te contaré que me han pasado parecerán negativas, y otras muchas parecerán enormemente satisfactorias, pero te puedo asegurar que todas han sido apasionantes y me han hecho crecer como profesional y como persona.

Como ves, este libro se plantea como un camino a recorrer, y tienes dos maneras de leer el libro:

1) Todo seguido sin hacer los ejercicios.
2) O parando cada vez que te plantee un ejercicio.

Lo que sí te voy a pedir es que, si haces los ejercicios, los trabajes a conciencia, dedicándoles el tiempo que necesites, que pueden ser minutos, horas... o días, dependerá de ti.

Y te digo que los hagas a conciencia porque, nuevamente te digo que los ejercicios son para ti, para tu **CAMBIO**, y si quieres que ese **CAMBIO** sea efectivo, debes dedicarle todo el tiempo que **NECESITES**.

Por eso, porque sé que no lo vas a hacer directamente de la segunda manera, es decir haciendo los ejercicios, ya que vas a querer saber al final de cada capítulo qué viene después, te planteo la que, para mí, es la mejor manera de **TRABAJAR** este libro:

1) Léelo todo, los ejercicios también y haciendo simplemente una pequeña reflexión en cada uno de ellos.
2) Si al finalizar el libro te ha convencido el proceso que vamos a seguir juntos y crees que te puede ser útil, coge un cuaderno bien grande (que te guste porque lo conservarás toda tu vida) y un bolígrafo con mucha tinta y comienza de nuevo a leer el libro, ahora sí, con el firme propósito de trabajar en tu CAMBIO personal y hacer TODOS los ejercicios.

Como ves, estoy convencido de que, cuando llegues al final del libro, vas a querer volver al principio, a comenzar a trabajar EN TI, y eso es porque sé que FUNCIONA, he visto muchas personas que lo han hecho antes que TÚ y YO, y lo único que yo he hecho es darle forma a lo que esas personas han hecho y ponerlo a tu disposición para que, si QUIERES, puedas hacerlo tú también.

Dicho esto, solo me queda indicarte que estás a punto de comenzar un camino de autoconocimiento que te aseguro te resultará APASIONANTE, y que hará que veas el mundo, la vida, las personas y a ti mismo de otra manera, totalmente diferente, a la que estás acostumbrado hasta hoy.

Como una vez me dijo un gran amigo mío:

> "La vida es como el Tour de Francia, está llena de etapas, unas largas, llanas, aburridas, pero sin sobresaltos.
> Otras de montaña, con grandes subidas, pero también con grandes bajadas y tú eliges qué tipo de etapas quieres vivir (si no lo haces, otros lo elegirán por ti)"

Por eso, a partir de ahora, te ayudaré a ir en llano, a escalar y, sobre todo, a controlar las bajadas...

¿Te atreves a realizar el proceso?

4 | ¿Instinto, Razón o Emoción?

El primer paso que debes dar en **TU PROCESO DE CAMBIO** es conocerte mejor a **TI MISMO**.

Aunque creas que te conoces perfectamente, te ayudaré a que entiendas que eso no es verdad, que no te conoces tan bien como crees y que debes trabajar mucho más en tu **AUTOCONOCIMIENTO**.

> **?** **¿Y por qué debo trabajar en mi AUTOCONOCIMIENTO?**

Porque, como ya hemos dicho varias veces, el **CAMBIO** solo se producirá si **TÚ** lo haces posible y, lo siento mi querido amigo, pero no eres un **SÚPERHÉROE**.

Dentro de ti hay una serie de fuerzas que van a **AYUDARTE** a realizar ese **CAMBIO**, pero también hay otras que lo van a dificultar o incluso pueden hacer que sea **IMPOSIBLE**.

Por eso, cuanto mejor te conozcas, mejor podrás aprovechar esas fuerzas positivas para que ayuden a cumplir tus objetivos, y mejor podrás combatir esas fuerzas negativas que te impiden avanzar, evolucionar, cambiar, crecer.

Para entender un poco más lo que te quiero decir, te voy a explicar cómo todas las personas tenemos componentes fisiológicos comunes, pero además tenemos una serie de características personales y particulares que nos hacen distintos a los demás.

La mezcla de ambas determina tu ESENCIA, lo que eres y cómo eres, y será la clave para que sepas cuales son los PUNTOS FUERTES de tu PERSONALIDAD sobre los que te puedes apoyar, y cuáles son tus PUNTOS DÉBILES que pueden, en un momento determinado, paralizarte y hacer que nada sea posible.

Estos PUNTOS FUERTES y DÉBILES van a estar relacionados, de momento, solamente con tu PERSONALIDAD, tu manera de ser.

Más adelante veremos otra serie de APTITUDES o CONOCIMIENTOS que vas a necesitar, pero de momento, solo trataremos lo más profundo de tu SER, tu ESENCIA, lo que te define como PERSONA.

Por ejemplo, imagínate que tu SUEÑO en la vida es diseñar un videojuego.

De momento no vamos a entrar en un análisis sobre si tienes la formación técnica para desarrollarlo, sino que nos vamos a centrar en los aspectos de tu personalidad que te van a ayudar, o a dificultar (o imposibilitar) llevar ese proyecto a buen puerto.

Porque si yo te pregunto:

 ¿Qué necesitas para crear un videojuego? ¿Qué contestarías?

Seguramente me has dicho que saber hacerlo, ¿no?

Y si yo te digo que eso no es lo más importante, ¿qué piensas?

Y si ahora te digo que para diseñar un videojuego quizá:

— No sea necesario saber absolutamente nada de programación,
— Hay que saber qué es lo que quiere la gente,
— Saber cómo darles lo que desean,
— Saber cómo comenzar a hacerlo,
— Saber cómo superar el MIEDO a fracasar,
— Saber cómo superar los fracasos,
— Saber cómo rodearse de los mejores para hacerlo,
— Saber cómo buscar financiación,
— Saber cómo convencer a los mejores para que trabajen contigo,
— Saber cómo hacer que ese videojuego se vuelva un fenómeno de masas,
— Y sobre todo, NUNCA, NUNCA, NUNCA rendirse.

¿Qué piensas?

Porque te hago una pregunta, con el nuevo Pokemon Go,

¿Quién es el responsable de que se haya vuelto un fenómeno a nivel mundial?
¿De la persona que lo pensó?
¿De la persona que lo diseñó?
¿De la persona que lo publicitó?
¿De la persona que lo distribuyó?

Alguien tuvo un día que pensar que se podía hacer y decidió hacerlo.

Vamos a empezar a entender mejor cómo eres para que, el día que quieras hacer algo, lo que sea:

— en primer lugar, decidas hacerlo,
— en segundo lugar, comiences a hacerlo,
— y en tercer lugar, recorras todo el camino necesario para conseguirlo.

Para eso, vamos a comenzar a explorar la herramienta más poderosa que tienes: tu **CEREBRO**.

Todo lo que vamos a ver a continuación se va a tratar de una manera muy sencilla, con la intención de que entiendas perfectamente cómo funciona esa maquinita que tienes dentro de tu cabeza, que piensas que controlas absolutamente pero que, en realidad, es mucho más independiente de lo que crees y de lo que te gustaría.

No voy a profundizar de un modo científico exhaustivo en el conocimiento del cerebro humano, pero sí intentaré que comprendas cómo funciona tu cerebro para que entiendas que no eres tan dueño como crees de tus pensamientos, sentimientos, acciones y decisiones.

Lo primero que debes saber es que tu cerebro está compuesto por tres capas que trabajan conjuntamente para todo nuestro desarrollo cognitivo.

Estas capas están dispuestas desde el interior hasta el exterior y regulan distintos aspectos de nuestro existir. Estas tres capas son:

1) Tu cerebro **REPTIL**,
2) Tu cerebro **EMOCIONAL** y
3) Tu cerebro **RACIONAL**.

CEREBRO REPTIL

En primer lugar, vamos a hablar de la parte más primitiva de tu cerebro, la más profunda, y las más **INSTINTIVA**.

Es el que llamaremos cerebro **REPTIL**, y es la parte del cerebro responsable de asegurar tu supervivencia.

Esta parte del cerebro es la que se encarga de activar nuestros sistemas vitales, el latido del corazón, la respiración, nuestro movimiento... y lo más importante para nosotros, es el encargado de detectar una amenaza y provocar automáticamente una **REACCIÓN**.

Por ejemplo, el cerebro **REPTIL** es el encargado de que, cuando ponemos la mano en el fuego, la retiremos automáticamente, o que no seamos capaces de aguantar la respiración voluntariamente hasta asfixiarnos.

Este cerebro también es el encargado de, al percibir una amenaza, activar los sistemas necesarios para afrontarla.

Y cuando el cerebro detecta una amenaza, la respuesta automática que nuestro cuerpo activa puede ser de dos tipos, de huida o de ataque.

Este cerebro es compartido por todo el reino animal y actúa de manera similar en todos ellos.

Por ejemplo, es el responsable de que, cuando una gacela que está en la sabana y ve un león acercarse hacia ella, se active automáticamente un mecanismo por el que sale corriendo.

Si te das cuenta, en la sabana conviven conjuntamente las gacelas y los leones, y solamente es cuando la gacela siente el peligro, cuando huye.

Es más, cuando deja de percibir ese peligro, este cerebro se desactiva.

Siguiendo con el ejemplo de la gacela, si un león sale corriendo tras 2 gacelas y captura una de ellas,

> **?** ¿Qué crees que hace la otra?

Si has pensado que deja de correr, estás en lo cierto, la gacela superviviente siente que el león ha saciado su hambre con su prima y ella ya se siente segura, por lo que seguirá con su vida tranquilamente.

Si has pensado que sigue corriendo, es que eres más humano que gacela, lo cual es un buen comienzo para comenzar tu **CAMBIO**, aunque menos útil si convives con leones ☺.

Pero como no suele haber demasiados leones deambulando por las grandes ciudades, te pondré algún ejemplo más parecido a tu realidad.

Seguro que alguna vez has visto o incluso has tenido alguna experiencia en la que has sentido algún peligro y has actuado de una manera instintiva esquivándolo, quizá al volante de vuestro coche, a lo mejor cruzando la calle o en algún evento que hayas tenido una amenaza real.

Es normal que ante una situación así, si lo analizas posteriormente, no entiendas muy bien cómo reaccionaste, lograste controlar el coche, esquivaste el autobús que venía hacia ti o una fuerza sobrehumana hizo que atraparas el televisor que se iba a caer al suelo y levantaste los 25 kilos que pesa, cuando normalmente te cuesta incluso levantar una caja de 6 litros de leche. Seguro que si te pregunto:

 ¿Cómo reaccionaste así?

Es probable que me contestes:

 "No lo sé muy bien, fue por INSTINTO, ¿verdad?"

Y estás en lo cierto, porque ese INSTINTO es responsabilidad del cerebro REPTIL, de hecho, todas las cosas que hacemos INSTINTIVAMENTE las hacemos "gracias" o "a pesar de" nuestro cerebro REPTIL (luego veremos por qué he escrito "a pesar de").

 ¿Y por qué hablamos de INSTINTOS?

Porque todos nosotros hacemos cosas por INSTINTO, sin pensarlas, automáticamente: respirar, agarrar, morder, masticar (¿te has dado cuenta que, a pesar de todo lo que hay en la boca, lengua, dientes, mofletes..."casi nunca" nos mordemos?)

De todo esto, es responsable nuestro cerebro REPTIL, se activa y hacemos las cosas de manera automática.

 **¿Y eso de que hagamos cosas de manera AUTOMÁTICA... es bueno o es malo?**

Pues como veremos posteriormente... DEPENDE, es muy bueno para muchísimas cosas, pero también puede resultar MALO para otras, porque a lo mejor hay veces que hacemos las cosas INSTINTIVAMENTE de una manera y nos gustaría haberlas hecho de otra.

 **¿No te ha pasado nunca?**

Este cerebro REPTIL no lo controlamos conscientemente, pero sí se puede trabajar para que, cuando actúe, las respuestas que dé sean las que queremos que sean o, por lo menos, que no sean INDESEADAS.

 **¿Qué quiero decir con esto?**

Por ejemplo, en un momento difícil al mando de nuestro coche en la carretera, no podemos pensar de modo consciente:

— voy a frenar el coche,
— luego levantaré el pie del freno para no derrapar,
— giraré a la izquierda,
— evitaré el obstáculo
— y aceleraré para escapar.

Todo ese proceso lo debemos hacer de una manera instintiva, pero ese "instinto" se puede trabajar.

 **¿Y cómo se trabaja el Instinto?**

Te voy a poner otro ejemplo, si has visto alguna vez la película Karate Kid (si no lo has hecho, te recomiendo que lo hagas), el maestro Miyagi ponía a trabajar a su discípulo Daniel encerando su coche, de manera que tuviera que repetir movimientos miles y miles de veces hasta que los tuviera tan INTERIORIZADOS que, cuando tuviera que enfrentarse a un problema real, se produjeran AUTOMÁTICAMENTE.

Lo que te quiero decir es que, nuestro cerebro REPTIL actúa en muchos ámbitos de nuestra vida, muchos más de los que piensas, y para poder modificar las acciones que nuestro cerebro REPTIL provoca debemos, en primer lugar, ser conscientes de ellas y, en segundo lugar, trabajar para corregirlas.

 **Entonces, ¿el cerebro REPTIL no solo actúa para salvarnos la vida?**

En su esencia sí, pero el cerebro REPTIL se activa cuando recibe una AMENAZA, y el problema es que no siempre esas AMENAZAS son REALES, sino que nuestro cerebro la interpreta como tal y, por lo tanto se activa.

Te voy a poner nuevamente un ejemplo haciéndote 2 preguntas,

¿Te ha pasado que en una discusión con alguien que se ha puesto agresivo, te has puesto más agresivo que esa persona y luego te has arrepentido de lo que le has dicho?
¿Y te ha pasado, por el contrario, que en una discusión con otra persona, en vez de contestar, te has quedado sin palabras y luego has pensado que le deberías haber dicho cosas que en ese momento no se te ocurrieron?

Si te han pasado ambas cosas, no te atormentes, nos pasa a todos los seres humanos, y se llama "SECUESTRO CEREBRAL", tomamos decisiones SOLAMENTE impulsadas por un área de nuestro cerebro.

El problema es que este "SECUESTRO CEREBRAL" puede hacer que, efectivamente, actuemos en determinados momentos de una manera que no nos gusta, y que luego nos podamos arrepentir.

Te decía que no te atormentaras, porque es normal que te pase, vamos a ver por qué te pasa y cómo se puede remediar.

¿Por qué te pasa esto?

Si recuerdas, te dije anteriormente que nuestro cerebro REPTIL no solo tiene un mecanismo de huida, sino otro de ataque, y es el encargado de evaluar si es más útil para la supervivencia huir o atacar.

Volviendo al ejemplo de la gacela, es bastante improbable que su cerebro REPTIL le haga atacar al león, pero seguro que has visto alguna vez a dos perros mostrarse los dientes en una lucha de poder, hasta que un momento dado, uno de los perros ha visto que no podía ganar la batalla y se rendía, agachando la cabeza y mostrándose sumiso ante el otro.

A ti, a mí... a todos nos pasan cosas parecidas, percibimos situaciones en las que nos sentimos amenazados y nuestra respuesta es de ATAQUE o HUIDA, por eso en una situación como la discusión "acalorada" puede ser que ATAQUEMOS para ganar a nuestro "AGRESOR/AMENAZA" o huyamos por MIEDO a nuestro AGRESOR.

Esto puede ser muy útil si nuestro AGRESOR es una persona con una pistola en una calle oscura a altas horas de la noche, porque efectivamente es una AMENAZA REAL, pero no va a ser tan eficaz si lo que percibimos como una amenaza es a nuestro PADRE/MADRE, nuestra PAREJA, nuestro JEFE/JEFA, amigos u otras personas con las que deberíamos ser capaces de tener conversaciones en las que no se activase nuestro cerebro REPTIL para no provocar esas REACCIONES de ATAQUE o HUIDA.

Entonces...

 ¿De qué depende que percibas una situación como una amenaza real o no?

Para contestarte a esa pregunta debo seguir explicándote el funcionamiento del cerebro ya que, esas respuestas instintivas están muchas veces CONTAMINADAS por lo que SIENTE la siguiente parte de tu cerebro, tu CEREBRO EMOCIONAL.

CEREBRO EMOCIONAL

Es la segunda parte de nuestro cerebro (desde el interior hasta el exterior) y es la responsable de las emociones que todos SENTIMOS.

¿ *¿Y por qué decimos desde el interior hasta el exterior?*

Porque nuestro cerebro está completamente interconectado en todas sus áreas, pero no todas pueden funcionar a la vez, este proceso de activación y funcionamiento va desde la parte más profunda a la más superficial, de manera que lo primero que se activa en nuestro cerebro es la parte INSTINTIVA y posteriormente el resto, siendo la segunda, esta parte, la parte EMOCIONAL.

El proceso de crecimiento y aprendizaje del ser humano se produce de igual manera:

— Cuando nacemos solamente actuamos por INSTINTOS, te pongo varios ejemplos: el instinto de RESPIRACIÓN nada más nacer (dentro del vientre materno no respiramos, obtenemos el oxígeno por el cordón umbilical de la mamá), el

instinto de PRENSIÓN que nos hace agarrarnos a las cosas, o el instinto de SUCCIÓN que nos permite alimentarnos.
— Posteriormente con el paso del tiempo, comienza a funcionar nuestra parte EMOCIONAL del cerebro.

Cuando comienza nuestro proceso de aprendizaje del mundo exterior, no lo hacemos de una manera RAZONADA, sino en base a lo que SENTIMOS, y para eso percibimos el mundo exterior a través de nuestros SENTIDOS, y esos SENTIDOS no nos provocan PENSAMIENTO, sino EMOCIONES.

Por eso es muy difícil educar a un bebé, y los papás y mamás muchas veces nos desesperamos, porque el bebé SIENTE y tú PIENSAS, e intentas que te entienda cuando le hablas, y eso es imposible, pero sigues intentándolo hablándole más fuerte, pero el bebé no te va a entender por mucho que le grites, solo va a SENTIR, a percibir EMOCIONES.

Estas EMOCIONES las hay muy básicas y más complejas, pero todas tienen un aspecto en común, que despiertan en nosotros dos tipos de SENSACIONES, POSITIVAS o NEGATIVAS, y esas SENSACIONES que tenemos, van a provocar REACCIONES primarias en nuestro cerebro REPTIL.

EMOCIÓN – SENSACIÓN - REACCIÓN

? ¿Recuerdas el ATAQUE y la HUIDA?
¿Esa situación en la que dijiste cosas que te arrepentiste o que te quedaste en blanco?

Quiero que pienses un momento en la situación y, antes de que empecemos a definir cuáles son las emociones que todos tenemos, te contestes a ti mismo, con tus propias palabras:

¿Qué emoción crees que tuviste?
¿Qué sensación provocó esa emoción en ti?
¿Cómo reaccionaste?

Si no reaccionaste como te hubiera gustado hacer, sufrías un fenómeno que se llama "SECUESTRO CEREBRAL" provocado porque actuaron SOLAMENTE ciertas partes del mismo, y estas son tu cerebro REPTIL y EMOCIONAL.

¿Y por qué actuaron solo esas dos partes?

Porque, como te he dicho antes, el proceso de activación que se realiza es:

EMOCIÓN – SENSACIÓN - REACCIÓN

Y te decía que el proceso de aprendizaje se produce desde el interior al exterior, por lo que hay muchas respuestas automáticas que tu cerebro "APRENDIÓ" mucho antes de que pensaras RAZONADAMENTE como una "PERSONA MAYOR" y esas maneras de actuar son AUTOMÁTICAS en ti.

 **¿Y no lo puedo cambiar?**

Claro que sí, pero como en Karate Kid, para cambiarlas se requiere un esfuerzo y un trabajo pero, sobre todo, necesitas saber **POR QUÉ** y **PARA QUÉ** actúas de una determinada manera.

 **¿Por qué y para qué? ¿No es lo mismo?**

No, cuando te planteas el **POR QUÉ** actúas de una determinada manera, estas mirando a tu pasado, es decir, qué ha pasado en tu vida para que actúes de una determinada manera ante un hecho determinado.

Y cuando te planteas el **PARA QUÉ**, estás mirando al futuro, lo que debes averiguar es qué esperas obtener con la actuación que estás teniendo.

 **¿Ves la diferencia?**

Para conocer las respuestas a ambas preguntas, vamos a ver el tipo de **EMOCIONES** que **TODOS** tenemos (son comunes a todos), pero lo más importante es averiguar las **RESPUESTAS** que esas **EMOCIONES** provocan en **TI** (esas sí que son únicas y exclusivas de tu personita).

Vamos a catalogar esas emociones en dos grupos, **EMOCIONES PRIMARIAS** y **EMOCIONES SECUNDARIAS**, veámoslas, entendiéndolas y relacionándolas con tu cerebro primitivo o cerebro **REPTIL**:

A) Emociones primarias

Estas emociones provocan respuestas automáticas contra las que es muy difícil luchar (aunque veremos cómo trabajar para actuar de distinta manera, igual que Daniel con sus movimientos limpiando el coche).

— Ira, cólera, rabia.

Es la respuesta emocional ante la frustración, cuando algo no es de tu agrado se despierta automáticamente esta emoción. Esto puede ser beneficioso, cuando sientes dolor por el daño que has sentido al recibir un golpe, pero puede ser muy contraproducente si la ira la sientes con tu jefe y actúas instintivamente atacándole o huyendo, en vez de hablar con él de una manera razonada y **ASERTIVA**.

— Alegría, ilusión.

Esta emoción es la causante de que aumente la creatividad, contribuye a mejorar el aprendizaje, y va a ser la base de algo muy importante que debes tener para conseguir que tus sueños y planes se realicen a través de tu esfuerzo, la **MOTIVACIÓN**.

— **Tristeza, pena, autocompasión.**

Esta emoción, al contrario que la anterior, va a disminuir tu energía y motivación. Si te paras a pensar un poco en ti mismo, cuando estás triste disminuyen tus ganas de luchar.

— **Miedo, inseguridad, desconfianza.**

Esta es la peor de todas, ya que lo que va a hacer es paralizarte, y no te va a dejar pensar de una manera racional.

B) Emociones secundarias

Este segundo tipo de emociones, aparecen más tarde en el desarrollo del ser humano, y tienen más que ver con las experiencias vividas de cada persona.

— **Sorpresa, curiosidad.**

Todas las personas nos sorprendemos y sentimos curiosidad, pero no por las mismas cosas. Por eso es muy importante saber qué es lo que a ti te sorprende y te despierta curiosidad, ya que esta emoción va a provocar INTERÉS y, por lo tanto, te va a MOTIVAR.

 **¿O acaso no te gusta que te sorprendan?**

— **Vergüenza.**

Es un sentimiento de reproche contra uno mismo, por haber hecho algo mal o por tener la sensación de sufrir una limitación que va a ser motivo de burla por los demás.

Si te das cuenta, cuando eres bebé no SIENTES vergüenza, es a medida que vas creciendo cuando determinados SUCESOS de tu vida hacen que SIENTAS esa vergüenza (hablar en público, cantar, bailar...).

Esta emoción, nuevamente, provoca en ti INACCIÓN, puesto que te genera INSEGURIDAD.

No todos sentimos vergüenza por lo mismo, y han sido las experiencias vividas en la infancia las que te van a marcar para toda la vida. Por ejemplo si, cuando eras pequeño, te castigaban en el colegio haciéndote salir ante los demás compañeros y estos se reían de ti, es muy probable que siendo adulto sientas VERGÜENZA a exponerte a los demás y MIEDO a hablar en público.

— **Amor, pasión, deseo, autoestima.**

Es la emoción más poderosa, cuando se combina con la alegría, ya que favorece todos los procesos cognitivos.

Por eso siempre escucharás que eres capaz de cualquier cosa, si lo haces con PASIÓN, porque va a generar en ti la MOTIVACIÓN suficiente para pasar a la ACCIÓN. Lo mismo pasa con la AUTOESTIMA, si te sientes CAPAZ de hacer algo, al final es probable que lo logres, porque aumentará tu **ESFUERZO**, **CONCENTRACIÓN** y **CAPACIDAD DE LUCHA**, al contrario que la **INSEGURIDAD** y el **MIEDO**, que harán que, simplemente, te **PARALICES** y no hagas **NADA**.

— **Aversión, odio, asco, repulsión.**

Respuesta de escape o rechazo hacia algo, que conduce hacia la ira o la tristeza. Te voy a poner otro ejemplo:

? ¿Has estado alguna vez en un trabajo en el que le hayas cogido manía, asco, repulsión, odio?

Seguramente el día que comenzaste a trabajar en ese proyecto, empresa... tenías una **MOTIVACIÓN** muy alta, porque tenías la **ILUSIÓN** por hacer las cosas bien, por crecer profesionalmente, por conseguir cosas importantes...

Y es muy probable que con el paso del tiempo esa **ILUSIÓN** disminuyera, ¿cierto?

El problema viene cuando en un trabajo pasas a tener **ODIO** por él, en ese momento tu rendimiento baja de manera exponencial, ya que, no solo has perdido la **MOTIVACIÓN**, sino que esa **EMOCIÓN** que sientes, puede llevarte a la **IRA**, de manera que tu carácter se ve afectado y, por consiguiente, tus relaciones profesionales y personales, y a la **TRISTEZA**, lo que provoca en ti **INACCIÓN**, ya que no tienes fuerzas para **LUCHAR** como antes.

Lo mismo se puede aplicar a una relación amorosa.

 **¿Te resulta familiar lo que te estoy contando?**

Si te das cuenta, existen una gran variedad de emociones, unas que te hacen ser más creativo, seguro de ti mismo, aprender más y mejor...

Y otras te paralizan, te hacen sentir inseguro y no te benefician en absoluto.

La inteligencia emocional consiste en la capacidad que tenemos los seres humanos en identificar las emociones, propias o ajenas, y actuar en consecuencia para beneficiarnos de ellas.

Estas emociones despiertan, como hemos dicho, sentimientos positivos o negativos, y se relacionan con la respuesta automática de nuestro cerebro primitivo, por lo que van a determinar muchas veces comportamientos automáticos que no nos gustan, ya que no los controlamos desde un punto de vista racional.

 **¿Te acuerdas del SECUESTRO CEREBRAL?**

La inteligencia emocional debe servirte, en primer lugar, para detectar ese **SECUESTRO CEREBRAL** y no dejar que el cerebro **REPTIL** actúe **INSTINTIVAMENTE**.

Te voy a poner dos ejemplos con los que te puedes sentir identificado de cómo, cuando alguien cuestiona lo que hacemos o lo que pensamos, nos sentimos amenazados y nuestro cerebro primitivo o REPTIL actúa huyendo o atacando.

En primer lugar te cuento el caso de una gran amiga mía la que, cuando está en una situación de este tipo, siente una "RABIECITA" en su interior que la ahoga.

En su caso su reacción es de huida, ya que tiene una gran AVERSIÓN a que la cuestionen.

Esto hace que, ante una situación así, su cerebro racional no se active y ella NI HABLA NI ESCUCHA, su cerebro REPTIL actúa y activa el mecanismo de huida, de manera que, simplemente, desconecta de la conversación y, por mucho que lo intentes, no podrás tener una conversación RAZONADA con ella, ya que ella no PIENSA lo que le estás diciendo, sino que simplemente SIENTE que está siendo cuestionada.

A otra persona muy cercana a mí le sucede lo contrario, en vez de HUIR... ATACA, y esa persona, cuando se siente cuestionada, responde con IRA, una IRA desmedida que hace que tenga una reacción agresiva de ataque.

? **¿Recuerdas el perro que gruñía y mostraba los dientes?**

Lo malo de los humanos es que, a diferencia del perro, que no tiene remordimientos, las personas, cuando ese momento de PELIGRO ha terminado, nuestro cerebro REPTIL se ha desactivado y ya FUNCIONA nuestra parte RACIONAL, puede que nos sintamos mal, ya sea porque hemos perdido los papeles de una manera desmedida, o porque nos hemos paralizado y no hemos sabido reaccionar de un modo racional a una situación concreta.

 ¿Te ha pasado alguna vez?

La inteligencia emocional, por lo tanto, consiste en identificar tus emociones ante ciertos estímulos e intentar controlarlas, para que no provoquen REACCIONES que no deseas, y también consiste en identificar las emociones de la persona que se relaciona contigo para actuar de la manera más adecuada.

Por ejemplo, si estás hablando con una persona que tiene un ataque de IRA, es inútil que intentes razonar con esa persona, porque su cerebro RACIONAL no está activo.

Tampoco es beneficioso para ti que saques los dientes para ganarle la batalla, ya que lo que intentará es ganarte y su IRA aumentará, pudiendo decir o hacer cosas que os dañen a los dos.

Lo ideal es que intentes calmar a esa persona (sin decirle que se calme, porque lo seguirá sintiendo como una agresión aún mayor) para que la EMOCIÓN disminuya, se desactive su cerebro REPTIL y se active su cerebro RACIONAL, del que hablaremos ahora.

Pero no pienses que la inteligencia emocional solo se aplica a emociones NEGATIVAS, también a las POSITIVAS.

¿A las positivas, qué quieres decir?

En primer lugar, es muy beneficioso para ti conocerte para autogenerarte emociones positivas, pero también es muy beneficioso para ti que seas capaz de generar emociones positivas en los demás, porque las reacciones que conseguiremos en los demás y en nosotros mismos serán reacciones positivas, como ya hemos visto. (De esto te hablaré mucho más extensamente en la segunda parte del libro).

Sin embargo, debes tener cuidado cuando tengas un sentimiento de ALEGRÍA e ILUSIÓN DESMEDIDA, o cuando una PASIÓN EXTREMA no te deje ver la realidad, ya que al igual que con las emociones negativas, puedes estar sufriendo un "SECUESTRO CEREBRAL" aunque esta vez sea desde el punto de vista del exceso de EUFORIA o MOTIVACIÓN.

> **?** ¿Te ha pasado alguna vez que, en un momento de euforia, has tomado una decisión de la que luego te has arrepentido?

Si estás pensando que algún día compraste algo que luego te diste cuenta que no necesitabas, has acertado completamente, ya que los profesionales del Marketing utilizan (o utilizamos) esas estrategias para PERSUADIR a sus clientes, gracias al manejo de sus EMOCIONES.

Como decía un gran amigo mío:

> "No tomes decisiones IMPORTANTES en la vida cuando estés en un momento emocional de euforia, ni de tristeza"

¿O nunca te has apuntado (o conoces a alguien que lo haya hecho) al gimnasio con una motivación por las nubes, e incluso has pagado la oferta de 6 meses ☺ y has dejado de ir a los 15 días?

Y digo IMPORTANTES porque somos humanos e imperfectos, y no pasa nada porque compres una chocolatina en la línea de cajas del hipermercado, aunque sepas que te están "MANIPULANDO".

Sin embargo, tirarse desde un balcón a la piscina de un hotel en Mallorca parece que no tiene demasiado sentido si lo piensas en este momento, mientras lees este libro. Pero cuando estás en un momento de euforia (y con bastante alcohol en tu cuerpo) parece que puede ser una opción ACEPTABLE (por lo menos las estadísticas lo confirman).

Te voy a poner otro ejemplo menos RADICAL:

¿Te has ido (o conoces a alguien que lo haya hecho) con los amigos a comerte una paella a Valencia después de una noche de fiesta en Madrid?

Cuando sales de Madrid te parece una decisión estupenda y estás eufórico, deseando llegar a Valencia, pero cuando paráis a tomar un café en la provincia de Cuenca porque estáis todos medio dormidos piensas...

 **¿Quién ha sido el genio que ha decidido que era una buena idea?**

Al comenzar, la EMOCIÓN ha hecho que te sientas INVENCIBLE, tu cerebro REPTIL ha actuado, has pasado a la ACCIÓN y, después de una par de horas de coche, tu cerebro RACIONAL te dice:

 **¿Pero qué haces aquí?**

Por eso, ya que te he hablado tanto de él, vamos a ver brevemente la parte más externa de tu cerebro, el CEREBRO RACIONAL.

CEREBRO RACIONAL

Es el encargado de tu razonamiento, tu pensamiento matemático, cálculos complejos... en definitiva la parte más evolucionada de tu cerebro.

Este cerebro es el último que se forma en tu crecimiento, y el que tarda más en comenzar a FUNCIONAR en tu vida.

También es el último que se activa, después del REPTIL y el EMOCIONAL.

Y el último que entra en acción en el proceso de aprendizaje, que nuevamente te recuerdo, se produce desde el interior hacia el exterior (aprendes más y mejor las cosas que te GUSTAN, te MOTIVAN, te ILUSIONAN, que las que ODIAS).

 ¿Te ha pasado que, siendo niño, tuviste una mala experiencia con alguna materia de estudio y desde entonces la has ABORRECIDO?
O al revés, ¿recuerdas algún profesor/a que haya hecho que SINTIERAS el gusto, el AMOR por alguna materia y eso ha marcado el resto de tu carrera profesional?

Nuevamente, la capacidad de despertar en los demás EMOCIONES POSITIVAS o NEGATIVAS es mucho más importante de lo que CREES.

Por eso, de la parte del cerebro que menos vamos a hablar en la primera parte del libro es de la parte RACIONAL (no te preocupes, que en la segunda parte trataremos muy profundamente todos los CONOCIMIENTOS y HABILIDADES que debes adquirir para luchar por tus SUEÑOS y CAMBIAR EL MUNDO).

Pero, como le pasaba a Daniel con el Señor Miyagi, para poder correr hay que aprender a andar y lo primero que vamos a hacer es profundizar en tu AUTOCONOCIMIENTO, para lo cual es muy importante que explores tu CEREBRO EMOCIONAL y tus respuestas automáticas (CEREBRO REPTIL) ante ciertas EMOCIONES.

Por eso, para cerrar este capítulo vamos a comenzar a hacer ejercicios que te ayuden a comenzar tu camino de AUTOCONOCIMIENTO.

Ejercicio 1

Si recuerdas, hemos hablado de los tipos de emociones que existen y las hemos clasificado en **PRIMARIAS** y **SECUNDARIAS**.

A) Me gustaría que anotaras en una hoja de tu cuaderno.

¿Te has comprado ya un cuaderno bien grande, verdad?

Las 4 emociones primarias y las secundarias y dejes un buen espacio entre cada una de ellas. Te las recuerdo:

PRIMARIAS

1) Ira.
2) Ilusión.
3) Tristeza.
4) Miedo.

SECUNDARIAS

1) Sorpresa.
2) Vergüenza.
3) Pasión.
4) Aversión.

B) En segundo lugar, me gustaría que, al lado de cada **EMOCIÓN**, escribieras situaciones cotidianas de tu día a día que te hacen **SENTIR** dichas **EMOCIONES**.

Por ejemplo, dentro de tu rutina diaria, qué te hace sentir Ira, o Ilusión, qué te Apasiona...

Enumera todas las que encuentres, cuantas más escribas, mejor será tu proceso de autoconocimiento.

C) En tercer lugar, quiero que escribas, para cada una de las **SITUACIONES** que has enumerado, cómo **REACCIONAS** cuando **SIENTES** esa **EMOCIÓN**.

Por ejemplo, si tu Pasión es ver fútbol, cómo reaccionas cuando ves fútbol: estas eufórico, nervioso...

O si te da vergüenza que te vean sin camiseta en la playa, como reaccionas cuando te tienes que mostrar: te ruborizas, te sientes inseguro, tu autoestima baja...

D) Por último, de todas las **REACCIONES** que tienes para todas las **SITUACIONES** que has escrito para cada **EMOCIÓN**, escribe con cuales estás de acuerdo y orgulloso, y cuales te gustaría cambiar.

5 | Sentir, Actuar, Controlar

En el capítulo anterior hemos hecho una primera aproximación al conocimiento de tus EMOCIONES y, a partir de ahora, seguiremos profundizando en este tema a lo largo de todo el libro y veremos cómo pueden afectar positiva o negativamente a tu vida, a tus relaciones, a tus acciones.

Lo importante no es preocuparte por sentir EMOCIONES, todos las sentimos, lo importante es controlar las reacciones que tienes ante dichas EMOCIONES, en el caso de que no te gusten, para intentar que no sufras lo que hemos llamado "SECUESTRO CEREBRAL" pero...

? ¿Cómo puedo controlar mis EMOCIONES?

Eso precisamente es lo que trabajaremos, pero te anticipo que es un proceso en el que debes trabajar de manera constante tu AUTOCONOCIMIENTO, algo que ya has comenzado a hacer en el ejercicio anterior.

Si recuerdas, hemos hablado del cerebro y de sus tres partes: REPTIL, EMOCIONAL y RACIONAL.

El mecanismo de funcionamiento es el siguiente:

— El Cerebro **EMOCIONAL SIENTE**.
— El Cerebro **REPTIL ACTÚA**.
— El Cerebro **RACIONAL PIENSA Y CONTROLA**.

Te voy a poner un ejemplo personal, yo soy una persona que siente una completa **AVERSIÓN** a la violencia (**EMOCIÓN** secundaria - **AVERSIÓN**), por lo que, cuando alguien se dirige a mí de una manera violenta (no hace falta que me golpee, simplemente que me levante la voz, que hable conmigo enfadad@) mi mecanismo automático (cerebro **REPTIL**) es de huida.

 ¿Qué quiere decir esto?

Que cuando alguien se dirige a mí enfadado o violento, mi reacción natural es esquivar la conversación o el conflicto.

 ¿Esto es bueno o es malo?

Pues depende, y es aquí donde entra en juego mi cerebro **RACIONAL**. Es el que debe encargarse de decidir si el mecanismo de automático de huida es "útil" para mí o debo actuar de otra manera.

Por ejemplo, si alguien se enfada conmigo porque he actuado mal, debo analizar si es bueno que esquive automáticamente el conflicto, (en caso que venga a agredirme físicamente) o debo afrontar ese conflicto de una manera **ASERTIVA**, intentando entender cómo he hecho sentir a la otra persona y teniendo una conversación RAZONADA con esa persona.

Esto, que parece muy sencillo, no lo es tanto porque, como hemos dicho antes, el mecanismo de huida ante algo que me produce AVERSIÓN, se produce de manera automática en mi cerebro, y cuando una parte de mi cerebro actúa (REPTIL), a causa de otra que siente (EMOCIONAL), la parte RACIONAL se encuentra inactiva.

> **?** ¿Alguna vez te ha pasado que te has dicho a ti mismo: No sé lo que me ha pasado, parece que no era yo, si lo hubiera pensado no lo habría hecho así?

Efectivamente, si lo hubieras PENSADO, el cerebro RACIONAL hubiera luchado por anular la ACCIÓN que provocó tu cerebro REPTIL a causa de lo que SENTISTE en tu cerebro EMOCIONAL.

Esto, que parece muy complejo, lo iremos trabajando y aplicando a diversos aspectos que te pueden afectar a la hora de tomar decisiones, pero lo primero que te propongo es que hagas un ejercicio relacionado con el que hiciste en el capítulo anterior.

Ejercicio 2

Si has hecho el **Ejercicio 1**, deberías tener una lista con **SITUACIONES** que te generan ciertas **EMOCIONES**.

Además tendrás una serie de **REACCIONES** que te provocan esas **EMOCIONES**.

Y habrás dicho si estás o no de acuerdo con esas **REACCIONES**.

> ¿Es así? ¡Qué buen alumno eres!

Lo que te propongo ahora es lo siguiente:

A) Escribe, en cada uno de los casos, qué parte del cerebro ha estado trabajando, recuerda que hemos hablado de cerebro **REPTIL, EMOCIONAL** y **RACIONAL**.

B) Una vez que lo hayas hecho, repasa las **ACCIONES** que has dicho que estás de acuerdo y cuales te gustaría cambiar.

C) De las que te gustaría cambiar, marca las que has hecho a causa de tu cerebro **REPTIL**.

D) De estas que están provocadas por tu cerebro **REPTIL**, escribe qué te gustaría haber hecho en realidad (cómo habría actuado tu cerebro **RACIONAL**).

6 Miedo

La conclusión del Ejercicio 2 es que no tienes el CONTROL del 100% de tus acciones, muchas veces haces cosas que no te gustan (desde un punto de vista RACIONAL) y que te gustaría hacer de otra manera, pero automáticamente actúas de una manera que NO CONTROLAS y eso, muchas veces, es probable que te pueda generar FRUSTRACIÓN.

Tengo dos buenas noticias que darte:

— En primer lugar, que es normal, eso nos pasa a todos, en mayor o menor medida.
— Y la segunda noticia es que puedes evolucionar y cambiar tu manera AUTOMÁTICA de actuar.

Eso sí, tengo una noticia mala. El cambio no es fácil, ya que si piensas en tu edad, llevas todos esos años que tienes actuando de la misma manera ante ciertas situaciones, por lo que cambiar algo que está tan instaurado en tu SER, en tu ESENCIA, en tu PERSONALIDAD es difícil (no imposible) y requiere un esfuerzo constante de TRANSFORMACIÓN PERSONAL.

Pero en ese proceso estás, por lo que, si estás descubriendo aspectos de tu PERSONALIDAD que no te gustan y quieres CAM-

BIAR, estás por el buen camino, porque seguiremos trabajando a lo largo de los siguientes capítulos.

Como aperitivo de lo que vamos a ver, te anticipo una frase sobre la que trabajaremos mucho:

> "No es malo tener EMOCIONES, la CLAVE es tener el CONTROL de nuestra RESPUESTA a dichas EMOCIONES"

Como hemos visto anteriormente, a nuestro cerebro RACIONAL le gusta controlar, pero...

> ¿Controlar el qué?

Porque ya hemos visto que controlar, controlar, no siempre controla muy bien las acciones que provocan nuestras emociones... ¿cierto?

Efectivamente, y cuando eso sucede, además tenemos un gran sentimiento de FRUSTRACIÓN.

Por ejemplo, si reaccionas con IRA ante los enfados y no te gusta hacerlo, cuando tu estado EMOCIONAL se calme, sentirás FRUSTRACIÓN y REMORDIMIENTOS por no poder o saber CONTROLAR tus respuestas.

Como hemos dicho, debes entrenar tu cerebro para CONTROLAR esas respuestas INSTINTIVAS.

Sin embargo, vamos a afrontar otro aspecto que te va a desconcertar aún un poco más.

El cerebro RACIONAL también quiere CONTROLAR tu futuro, y no conseguir CONTROLAR todo lo que va a pasar te va a generar otra serie de EMOCIONES.

 ¿Ahora es el cerebro RACIONAL el que genera EMOCIONES?

Sí, al no poder CONTROLAR todo lo que pasará en el futuro, el cerebro RACIONAL va a provocar en tu cerebro EMOCIONAL, sobre todo, una EMOCIÓN... MIEDO.

Habrás escuchado muchas veces que el MIEDO nos paraliza, y seguro que te han dicho más de una vez:

 No tengas miedo, que no pasa nada, ¿cierto?

El MIEDO es una EMOCIÓN, un sentimiento que experimentas cuando no tienes la certeza absoluta de que algo va a sucederte en el futuro, se produce cuando no tienes el CONTROL de lo que va a pasar, y es provocado por la INCERTIDUMBRE.

Es por eso que, a muchos de nosotros, nos han educado para tener cuanta menos INCERTIDUMBRE mejor, para tener el máximo CONTROL sobre nuestras vidas y sentir el menor MIEDO posible.

Te lo voy a intentar explicar mejor con un ejemplo:

A muchos de nosotros nos han vendido la idea (por lo menos a mí me la vendieron) que debía ser un chico formal, que estudiara, encontrara un buen trabajo (si pudiera ser para toda la vida) y una estabilidad económica que me permitiera vivir una vida tranquila.

Esta idea responde a la creencia de que la ESTABILIDAD es el estado ideal para el ser humano, que cuanto más CONTROL tengamos sobre nuestro FUTURO, mucho mejor.

Pero yo te pregunto:

> **¿Se puede controlar el futuro?**
> **¿Puedes tener el control absoluto de lo que te pase?**
> **Y si pudieras tenerlo, ¿sería bueno?**
> **¿Dónde quedaría tu crecimiento personal?**

A mí, personalmente, me da más MIEDO imaginarme un trabajo en el que todos los días de mi vida van a ser iguales hasta que me jubile, por mucha estabilidad que tenga.

> **¿Recuerdas cuando hablamos de las etapas del Tour de Francia?**
> **La etapa llana, sin sobresaltos, pero aburrida VS la etapa de montaña.**

Ante la INCERTIDUMBRE, las personas tenemos MIEDO, y te voy a decir una cosa que me gustaría que te quedase clara, es

NORMAL que tengas MIEDO y, al contrario de lo que mucha gente te dice de manera gratuita:

 **NO TE VOY A PEDIR QUE NO TENGAS MIEDO**

Escucho y leo muchísimas frases del tipo:

"No tengas miedo"
"Es absurdo tener miedo"
"Con el miedo no conseguirás nada"

Pues mi querido amigo, no estoy de acuerdo, es sano tener MIEDO, porque el MIEDO te mantiene alerta y te salva de muchos peligros, lo que debes analizar es si ese MIEDO que SIENTES es LÓGICO y RACIONAL y, sobre todo, la respuesta que tienes cuando sientes MIEDO.

Por ejemplo, es normal que tengas MIEDO si te encuentras en medio de una carretera y ves un coche acercarse a 120 km/h hacia ti.

Como hemos visto, ese MIEDO debe provocar que sientas el coche que se acerca como un peligro ante tu integridad física, para que tu cerebro REPTIL active los mecanismos necesarios para huir del peligro.

 (Espero que tu cerebro REPTIL no decida atacar, porque luchar contra un coche que viene hacia ti a 120 km/h...no parece muy buena idea)

Sin embargo, SENTIMOS otros MIEDOS que NO afectan directamente a nuestra supervivencia, como puede ser, por ejemplo, el MIEDO a las alturas, el MIEDO a coger enfermedades, el MIEDO a hacer un examen, el MIEDO al fracaso, el MIEDO al éxito, el MIEDO a nuestro jefe...en fin, muchos MIEDOS que SENTIMOS y que parecería que no tienen mucha lógica, ¿verdad?

Te voy a hablar de mis MIEDOS. Yo, como todas las personas, estoy lleno de MIEDOS, tengo muchos y muy variados, por eso cuando alguien me dice que no tiene MIEDO a nada, directamente no le creo.

Por ejemplo, te voy a contar dos de mis grandes MIEDOS:

— En primer lugar, tengo MIEDO a volar.
Coincidirás conmigo que es uno de los MIEDOS más comunes y más irracionales, ¿cierto?
Pues yo lo tengo. Desde el punto de vista RACIONAL no tiene demasiada lógica: el avión es el medio de transporte más seguro, hay más posibilidades de morir en el trayecto hacia el aeropuerto que en el vuelo...
Todo eso me lo sé, pero tengo MIEDO a volar, y SIEMPRE lo voy a tener.
Os puedo asegurar que he llegado a visualizar perfectamente en mi cabeza el avión ardiendo, estallando, estrellándose, viendo muertos por todas partes.

Aunque, afortunadamente, nunca he tenido ningún accidente de avión, he sufrido "casi" como si lo hubiera tenido.

— Por otro lado, mi segundo peor MIEDO es el MIEDO a hablar en público.

Cada vez que tenía que hablar en público no dormía la noche anterior, mis manos temblaban, sudaban, mi voz se entrecortaba, mi ritmo cardiaco se aceleraba, lo pasaba realmente mal.

La respuesta normal cuando tienes ese tipo de MIEDOS es evitar esas situaciones, es decir, intentar no volar, e intentar no tener que hablar en público. Sin embargo, yo decidí hacer las cosas de otra manera.

Hace ya unos cuantos años decidí que iba a ENFRENTARME a mis MIEDOS, por lo que empecé a dedicarme profesionalmente a enseñar a los demás, y eso supuso que debía hablar en público más de lo que estaba acostumbrado, y como veremos más tarde, empecé a viajar, tanto a nivel nacional como internacional, lo que hizo que no tuviese más remedio que montar en avión (porque lo de cruzar el Atlántico en barco no era viable, por tiempo y porque me mareo, soy un desastre de hombre, ya lo sé ☺).

A día de hoy, hablo en público casi todos los días de mi vida, a veces ante auditorios de más de 1.000 personas y viajo por todo el mundo en avión, y la pregunta que te hago es:

 **¿Crees que sigo teniendo MIEDO?**

Mi respuesta es SÍ, sigo teniendo MIEDO a volar y a hablar en público. Lo que he conseguido, en todo este tiempo, ha sido controlar mi respuesta ante dicho MIEDO.

> **¿Cómo?**

Cuando hablamos del MIEDO a volar ya no visualizo los accidentes, sino que PIENSO que es casi imposible que haya un accidente, y que ese vuelo me va a llevar a un sitio maravilloso en el que voy a tener una gran experiencia, y así lo consigo sobrellevar.

Y respecto al MIEDO a hablar en público, ya no PIENSO que voy a hacer el ridículo y que se van a reír de mí, PIENSO que voy a estar delante de un grupo maravilloso de personas, que les va a encantar todo lo que les voy a decir y que voy a conseguir influir sobre ellos, enseñarles y, quien sabe, si cambiarles la vida.

> **¿Qué piensas que es más probable, que se estrelle el avión o que me lleve a un sitio magnífico? ¿Que me abucheen o que me aplaudan?**

Normalmente la segunda opción, pero nuestro cerebro, como no lo sabe con seguridad, nos juega malas pasadas, debido a la INCERTIDUMBRE.

Por eso, yo PIENSO en el futuro que QUIERO que pase, no el FUTURO que MI MIEDO dibuja en mi mente.

Te voy a poner otro ejemplo muy significativo si eres padre de hijos adolescentes o ya has pasado por esa época. (Si no lo eres, seguro que conoces alguno, piensa en ellos).

> **?** **¿Te ha pasado que tu hijo sale de noche y que estás en la cama preocupado por si le pasa algo malo? Yo creo que a todos, ¿verdad?**

Y yo te pregunto: ¿Ese MIEDO es lógico?

Y me puedes decir: "Es normal que me preocupe por mis hijos", y tienes toda la razón, pero lo que yo te pregunto es:

> **?** **¿Qué es más probable, que tu hijo esté disfrutando de una excelente noche de fiesta con sus amigos o su pareja, o que les pase algo malo?**

Lo primero, ¿cierto?
Entonces,

> **?** **¿Por qué no estás en la cama pensando lo bien que lo está pasando, y sí estás pensando en lo malo que le puede pasar?**

Así es nuestro cerebro, y como te he dicho antes:

 **"NO TE VOY A PEDIR QUE NO TENGAS MIEDO",**

Solo te voy a pedir una cosa:

 "Aprende a GESTIONAR ese MIEDO, y sobre todo aprende a GESTIONAR cómo REACCIONAS ante tus MIEDOS"

Porque, efectivamente, el MIEDO te paraliza, y cuando tienes MIEDO no eres capaz de desarrollar tu potencial.

Sin embargo, si consigues gestionar ese MIEDO, serás capaz de estar alerta, ser más creativo, encontrar soluciones... en definitiva, utilizarás tu MIEDO a tu favor, y no en tu contra.

Ejercicio 3

Vamos a continuar trabajando sobre tu **AUTOCONOCIMIENTO** y, por eso, en este nuevo ejercicio te voy a pedir nuevamente que cojas tu cuaderno y hagas lo siguiente:

A) Reflexiona un poco sobre ti, mira en tu interior y escribe los 10 miedos más grandes que tengas.
(No pienses que 10 son muchos, tienes muchos más de 10, seguro. Busca bien en tu interior).

B) Una vez que los hayas escrito, a continuación de cada uno de ellos escribe si ese **MIEDO** es **RACIONAL** o **IRRACIONAL**.
Es decir, si es **NORMAL** o no que lo tengas (no confundas **NORMAL** con **COMÚN**, son cosas distintas, el miedo a volar es **COMÚN** porque lo tiene mucha gente, pero no es **NORMAL** que lo tengamos porque es el medio de transporte más seguro, y sin embargo no tengamos **MIEDO** a ir en coche, que es mucho más arriesgado).

C) De los **MIEDOS** que hayas dicho que son **IRRACIONALES** (como el **MIEDO** a volar), escribe a continuación, cuál es tu reacción cuando lo sientes (al igual que yo visualizaba el accidente de avión con muertos, fuego...).

D) Por último, escribe cómo te gustaría reaccionar cuando sientas ese **MIEDO** (recuerda que vas a seguir sintiendo el **MIEDO**, solo te pido que me digas cómo te gustaría reaccionar ante ese **MIEDO**).

7 Inseguridad

Como hemos visto en el capítulo anterior, el MIEDO es tu respuesta ante la INCERTIDUMBRE de NO tener el CONTROL de lo que va a pasar en tu FUTURO, de no saber qué te va a deparar el día de mañana, y como te comentaba, dicho MIEDO es una EMOCIÓN tan fuerte y poderosa que puede paralizarte y llevarte a la INNACCIÓN.

Ahora vamos a ver otra fuerza "malvada" que puede "hacer que no hagas nada", es decir, que también puede llevarte a la INACCIÓN.

La diferencia con el MIEDO, es que esta fuerza no tiene que ver con el FUTURO, sino con el PASADO. Te estoy hablando de la INSEGURIDAD.

La INSEGURIDAD es la EMOCIÓN que SIENTES cuando crees que no eres capaz de realizar algo porque piensas que no estás preparado para ello.

Esta INSEGURIDAD la puedes tener por varios motivos:

— Porque no lo has intentado nunca.
— Porque lo has intentado y has fracasado.
— Porque otros te han dicho que no puedes hacerlo.
— Porque otros, que consideras MEJORES que tú, lo han intentado y no lo han conseguido...

Nuevamente tu mente te juega muy malas pasadas y te dice que no lo vas a conseguir, pero...

 **¿Por qué te digo que es por culpa de tu pasado?**

Te lo voy a explicar con un ejemplo:

Como ya te he comentado tengo 2 hijas pequeñitas, de unos 2 años en el momento que termine de escribir (y reescribir) este libro, y me encanta aprender de ellas observándolas.

Me quedo completamente asombrado de la **MOTIVACIÓN** que tienen para intentar, una y otra vez, cosas que no han hecho nunca, y de la capacidad que tienen de fracasar y volver a intentarlo.

Mis hijas (al igual que todos los bebés, no es que crea que mis niñas son especiales) no se rinden cuando no hacen algo bien, sino que, de manera innata, tienen un instinto de experimentación y aprendizaje, que les hace sentir cada intento fallido como un paso hacia el éxito.

Lo veo cada día en cosas tan básicas como comenzar a caminar, a pesar de que se caigan una y otra vez, nunca van a pensar "esto de andar no es para mí", sino que cada vez que se caen aprenden a hacerlo cada vez mejor.

Lo mismo les pasa con hablar, a pesar de que balbuceen y no les entienda, ellas intentan expresarse mejor cada día, para hacerse entender de una manera más clara, no solo con llantos y berridos. (Aunque te puedo asegurar que sus llantos les sirven perfectamente para conseguir sus objetivos☺).

Entonces, si de bebés lo hacemos tan bien,

 **¿Cuándo cambiamos y empezamos a SENTIR que no somos capaces de hacer las cosas?**

Y es que, a diferencia de los bebés, las personas adultas, por muy avanzados que nos creamos que somos, estamos llenos de INSEGURIDADES que provocan que no nos veamos capaces de hacer las cosas, y cuando nos sentimos INSEGUROS...

 **¿Qué hacemos?
NADA**

En vez de intentarlo, fracasar, aprender, volver a intentarlo, fracasar, aprender...y así una y otra vez, simplemente nos rendimos antes de empezar...

 **¿Por qué?**

Porque tenemos MIEDO al FRACASO. Y si mis hijas no tienen MIEDO al FRACASO,

 **¿Por qué yo si lo tengo?**

Porque la sociedad penaliza el **FRACASO**, porque no nos enseña que hay que aprender equivocándose, sino que nos machaca y humilla cuando nos equivocamos.

Nuestros compañeros se ríen de nosotros cuando hacemos algo mal, nuestra familia nos regaña por hacer las cosas "incorrectamente", nuestro sistema educativo nos "suspende" por no hacer bien un examen...

Desde que dejamos de ser bebés, nuestra vida está sujeta a un nivel de exigencia tan grande que el **FRACASO** es un gran estigma, tanto que hace que no intentemos cosas nuevas por **MIEDO** a **FRACASAR**.

Y ahora me gustaría sintetizar todo lo que te he intentado explicar en una sola frase para que comprendas qué quiero decir con todo esto.

Hablábamos del **MIEDO** como la proyección de un **FUTURO** indeseado, ¿recuerdas?

Y hablamos de la **INSEGURIDAD** como consecuencia de nuestro pasado, por no haber intentado las cosas, por haber **FRACASADO**...

Pues fíjate lo que te voy a decir:

> "Somos tan esclavos de nuestro PASADO, que no hacemos nada por MIEDO a nuestro FUTURO"

Pero la pregunta que te hago es...

¿Haciendo siempre lo mismo se evoluciona?
¿Todo el mundo que intenta algo lo hace perfecto a la primera?

Yo creo que la respuesta a ambas preguntas es **NO**, y que la clave de tu **CAMBIO** interior está, además de gestionar tu **MIEDO**, en gestionar tu **INSEGURIDAD**.

Y con esto no quiero decir que debas lanzarte a todas las aventuras a la ligera, pero sí que te digo que:

"Las mayores caminatas comienzan con un primer paso", y que...
"Se hace camino al andar"

Por lo que el primer paso, debe ser **SUPERAR** tu **MIEDO** al **FRACASO** y no sentirte **INSEGURO**, como mis hijas no tienen **MIEDO** a caerse al intentar andar y no **SIENTEN** que, aunque ahora no sepan andar, no pueden conseguirlo.

Como dice Robert Kiyosaki:

"9 de cada 10 negocios fracasan, así que diseñé un método infalible, intentarlo 10 veces"

Ejercicio 4

En este ejercicio, además de pedirte que nuevamente cojas tu cuaderno y empieces a escribir, vamos a explorar tus **INSEGURIDADES**.

En este caso te voy a pedir que mires dentro de ti, reflexiones y escribas:

A) Diez cosas que te gustaría hacer y piensas que **NO** puedes hacer. No pienses en las razones porque no puedas hacerlo, simplemente **SIENTE**, déjate llevar y escribe ese listado de 10 cosas que **TE GUSTARÍA HACER** pero **PIENSAS QUE NO PUEDES**.

B) Ahora escribe al lado de cada una de ellas **POR QUÉ NO PUEDES HACERLO**.

C) Muy bien, ya tenemos una listado de cosas que:
— Quieres hacer.
— Piensas que **NO** puedes hacer.
— Sabes Por Qué **NO** puedes hacerlas.

D) Por último, me gustaría que escribieras, nuevamente al lado de cada una de esas 10 cosas, el momento de tu vida en el que apareció esa **INSEGURIDAD** que te hace pensar que **NO** puedes hacerlo.
Si en alguna de las 10 cosas, tu respuesta a "**¿Por qué no puedes hacerlo?**" es "**Porque no tengo dinero**", tu **INSEGURIDAD** es no poder generar dinero para hacerlo (tu **PASADO** hace que no seas capaz de imaginar un **FUTURO** con dinero... ¿recuerdas?).

8. ¿Qué TE impide luchar por TUS SUEÑOS?

Muy bien, esto ya va cogiendo forma y ya estás trabajando en tu AUTOCONOCIMIENTO que, como te he dicho ya, es el primer paso en tu proceso de CAMBIO para poder luchar por tus SUEÑOS y para que, si lo deseas, puedas CAMBIAR EL MUNDO.

Y antes de continuar me gustaría que reflexionáramos juntos sobre la siguiente pregunta:

? ¿Qué hemos aprendido hasta ahora?

— Que el SER HUMANO es capaz de hacer cosas increíbles.
— Que es muy difícil salir de nuestra ZONA DE CONFORT.
— Que creemos que tenemos mayor CONTROL de nuestras vidas del que realmente tenemos.
— Que nuestro cerebro es COMPLEJÍSIMO y CONTROLA, más de lo que nos gustaría, nuestra manera de actuar.
— Que tenemos una parte EMOCIONAL que nos hace SENTIR.
— Que tenemos una parte INSTINTIVA que actúa de manera automática ante estos SENTIMIENTOS o EMOCIONES.
— Que tenemos una parte RACIONAL que debe trabajar para CONTROLAR estos mecanismos automáticos.

- Que a nuestra parte RACIONAL no le gusta la INCERTIDUMBRE, y por eso sentimos MIEDO ante lo que nos es desconocido, sobre todo al FUTURO.
- Que tenemos una serie de INSEGURIDADES, fruto de nuestro PASADO.
- Que tanto los MIEDOS como las INSEGURIDADES son las causantes de que no podamos EVOLUCIONAR y nos cueste tanto salir de la llamada ZONA DE CONFORT.

Hasta ahora parece que todo es malo, ¿Cierto?

Nada más lejos de la realidad, mi intención es hacerte ver que es NORMAL que te cueste cambiar por iniciativa propia, que es NORMAL que no te gusten los CAMBIOS, y que no es tan sencillo hacer todo lo que las frases que escuchamos y leemos todos los días nos invitan a hacer:

"Cambia"
"No tengas miedo"
"El futuro está en tus manos"
"Tú eres el dueño de tu destino"

Sin embargo, que no sea tan fácil no quiere decir que no puedas hacerlo y por eso, a partir de ahora, vamos a comenzar a trabajar para hacerlo posible.

Por eso, es fundamental que te conozcas a ti mismo y que, a través de los ejercicios que has hecho, hayas comenzado a:

— Entender tus EMOCIONES.
— Identificar tus RESPUESTAS automáticas ante las mismas.
— Identificar cuáles de esas respuestas no te gustan y te impiden avanzar.
— Identificar tus MIEDOS.
— Identificar tus INSEGURIDADES.

Si has hecho todo esto, a partir de ahora, comenzaremos a trabajar juntos para contrarrestar todas esas fuerzas negativas que:

— Te impiden tener el control de tu VIDA.
— Te impiden ser dueño de tu DESTINO.
— Te impiden luchar por los SUEÑOS que tienes y que piensas que eres INCAPAZ de realizar.

Un trabajo que servirá para que realices ese CAMBIO interior que te permita cambiar tu SER para, posteriormente, CAMBIAR EL MUNDO. Recuerda que el CAMBIO debe ser desde DENTRO hacia AFUERA.

 ¿Te atreves a hacerlo?

9 | Autoconfianza

Lo primero que debemos saber para empezar a CONSTRUIR es que, al igual que tienes FUERZAS NEGATIVAS que te impiden evolucionar, tienes también una serie de FUERZAS POSITIVAS que te hacen seguir hacia adelante a pesar de todo.

Estas FUERZAS POSITIVAS son mucho más potentes de lo que piensas, y la clave es que tengan mucho más poder que las FUERZAS NEGATIVAS que te impiden el avance.

En el primer capítulo veíamos varios casos de personas que, habiéndolo perdido todo, habiendo tocado fondo, conseguían rehacer su vida y seguir hacia adelante, muchas veces con gran éxito.

Y mi pregunta es...

> **?** ¿Por qué lo consiguen?
> ¿Por qué cuando alguien está al límite saca lo mejor de sí mismo?

La clave está en que, como diría mi abuela:

> **"** "Cuando alguien toca fondo, no tiene más que hacer que subir hacia arriba"
> (O RENDIRSE, pero esa palabra no existe en nuestro vocabulario ☺)

Cuando alguien está al límite deja de tener MIEDO, porque no tiene nada que perder, porque ya lo ha perdido todo, y empieza a desarrollar su POTENCIAL.

Nosotros vamos a comenzar a trabajar para que no te haga falta llegar a este punto, sino que seas capaz de desarrollar lo mejor de ti mismo, aun teniendo MIEDO e INSEGURIDADES.

Y lo vamos a conseguir haciendo dos cosas:

1) Gestionando ese MIEDO.
2) Descubriendo de lo que eres capaz.

Para ello vamos a comenzar a desarrollar dos conceptos fundamentales que, a partir de ahora, te pido que tengas siempre en tu mente:

AUTOCONFIANZA y MOTIVACIÓN

En primer lugar, vamos a hablar de la **AUTOCONFIANZA**, entendido como la **CONFIANZA / SEGURIDAD EN TI MISMO**.

Debes desarrollar la **AUTOCONFIANZA**, la **SEGURIDAD** en ti mismo, para contrarrestar la **INSEGURIDAD**.

? Y eso... ¿cómo lo hago?

Demostrándote a ti mismo que sí puedes hacer cosas, que eres capaz de hacer **TODO** lo que te propongas, pero lo tienes a hacer **POCO** a **POCO**, paso a paso.

Te voy a poner un ejemplo:

En el año 2009 experimenté un proceso de **CAMBIO** muy importante, tanto personal como profesional.

Realmente estaba muy perdido porque no sabía qué hacer con mi vida, llegué a un punto de desesperación en el que, realmente, toqué fondo, ese punto de quiebre que hizo que todo cambiara (como te comento, espero que no te haga falta llegar a este punto, pero si llegas, no te rindas porque puedes salir).

En esa época mi **AUTOCONFIANZA** estaba realmente por los suelos (mis **INSEGURIDADES** eran muy fuertes), no me veía capaz de hacer NADA bien y, lo más importante, no tenía NI IDEA de cómo encarrilar mi vida.

Cada vez que intentaba hacer un plan de vida, me veía INCAPAZ siquiera de dar el primer paso, por lo que...

¿Qué podía hacer? Estaba completamente perdido y desorientado.

En ese momento, gracias a un gran amigo mío, me plantee un reto personal que CAMBIÓ MI VIDA.

Te pongo en situación:

En el año 2009 yo tenía 32 años, pesaba 20 kg más que ahora, y no había hecho ejercicio en mi vida, el deporte más intenso que había hecho era jugar algún partido de futbol sala con mis amigos en el colegio.

Mi reto fue el siguiente: en septiembre de 2009, me propuse que el año siguiente, en abril del 2010, iba a correr (y terminar) el maratón de Madrid.

¿Y por qué? ¿Qué ganaba yo con eso?

Simplemente me planteé hacerlo porque era IMPOSIBLE que lo pudiera hacer. Tenía mucho sobrepeso, fumaba y no había hecho deporte en vi vida, no era capaz de correr 5 minutos seguidos, no era capaz de nadar un largo de una piscina, era IMPOSIBLE que lo pudiera hacer.

Pero me dije a mí mismo que SÍ, que lo iba a conseguir, solo por el hecho de demostrarme a mí mismo que podía hacerlo, de conseguir algo que era IMPOSIBLE para mí.

Una vez que tomé la decisión INQUEBRANTABLE de hacerlo, se lo dije a mi familia, y os podéis imaginar su reacción: unos se rieron, otros no me hicieron caso... las reacciones fueron diversas, pero ninguno de ellos creyó que lo pudiera hacer.

Hago un paréntesis en mi historia para decirte que el día que hagas algo distinto de lo que habitualmente haces, el día que decidas tener el control de tu vida, el día que intentes algo nuevo, el día que comiences a luchar por tus sueños... a partir de ese día, te pasarán 3 cosas:

1) Al principio, te dirán que NO PUEDES HACERLO.
2) Cuando lo estés haciendo, te dirán CÓMO DEBES HACERLO.
3) Cuando lo hayas conseguido, te dirán que SIEMPRE CONFIARON EN TÍ.

Por eso, la decisión de CAMBIAR, de EVOLUCIONAR, de MEJORAR, de luchar por tus SUEÑOS, de CAMBIAR EL MUNDO, debe ser una decisión:

Tuya, y solo tuya, PERSONAL, sobre la que NADA ni NADIE tiene derecho a decidir.

Como veremos más adelante, necesitarás AYUDA, pero veremos cómo eso no quiere decir que NADIE tenga derecho a IMPEDIR o DIRIGIR tus SUEÑOS.

Ya tienes suficiente trabajo con tu lucha interior contra todas esas **FUERZAS NEGATIVAS** que hemos visto, como para que vengan agentes externos a hundirte.

Dicho esto, continúo con mi historia. Como te decía, viendo la reacción que había tenido mi entorno, decidí seguir con mi plan, hacia el objetivo que me había marcado, pero cambiando la **ESTRATEGIA**: no iba a dar explicaciones, no iba a buscar el reconocimiento de los demás, no necesitaba su aprobación.

El resto del mundo no estaba en mi interior, no sabía lo que pensaba, ni lo que sentía, ni lo que necesitaba, y aunque se lo explicara, tampoco lo entenderían, por lo que decidí apartarme hacia un lado y seguir mi camino.

Eso no quiere decir que siguiera solo, busqué el apoyo que necesitaba en otros sitios, me informé sobre cómo debía hacer mi preparación, leí, estudié, y sobre todo... entrené y entrené, y cuando no tenía ganas de entrenar, seguí entrenando.

El día antes de la gran fecha, llamé a mi amigo Lucas, que fue el artífice de que hubiera tomado la decisión y le pedí consejo sobre todo lo que debía hacer ese día: la alimentación, los ritmos de carrera, hidratación durante la misma... y en vez de contestarme a eso, me dijo lo siguiente:

— "Héctor, hace 7 meses tomaste una decisión **INQUEBRANTABLE**, y mañana es el gran día, tu prueba de fuego.
— Has entrenado, has luchado.
— Has sufrido, has llorado.
— Te has caído, te has levantado.

— Has hecho todo lo que tenías que hacer y, sobre todo, no te has rendido."

Y solo me dio un consejo.

— "Mañana no te obsesiones por terminar, porque si lo haces, no terminarás. Solo debes hacer una cosa:
— **DISFRUTAR**.
— Van a cerrar Madrid para ti, vas a correr por calles en las que suele haber miles de coches atascados, junto a otras 10.000 personas.
— Las calles van a estar llenas de gente apoyándote y aplaudiéndote, dándote ánimo, en una excelente mañana de domingo de primavera.
— El trabajo lo has hecho en todas las noches de invierno que has sufrido pasando frío cuando no tenías ganas de hacerlo. Así que mañana...
— **SIENTE** todo lo que te pase en esa experiencia maravillosa, **DISFRUTA** al máximo de cada zancada que des y no desperdicies ni un segundo, porque esas **EMOCIONES** no las volverás a tener."

Y así, el 25 de abril del año 2010, a las 9:00 am, junto con otras 10.000 personas, tomé la salida del maratón de Madrid, mi gran prueba de fuego y seguí los consejos de mi amigo Lucas.

No miré el reloj para ver los tiempos, no me obsesioné por cuánto llevaba o cuánto faltaba, simplemente disfruté cada metro de Madrid, viendo la ciudad, viendo los corredores, escuchando al público, sintiendo el sol en mi cara y el viento acariciando mis piernas.

4 horas y media después, con lágrimas en los ojos, llegué al Parque del Retiro, miré hacia mi izquierda y vi a mis padres aplaudiéndome al llegar y crucé la meta, sintiéndome **LIBRE**, sintiéndome **CAPAZ**, habiendo conseguido mi **IMPOSIBLE**.

Ese día mi vida **CAMBIÓ** porque, desde entonces, y ya han pasado unos cuantos años, nunca más he vuelto a sentir **INSEGURIDAD** por nada, porque sé que lo que me plantee, voy a ser capaz de hacerlo.

Por cierto, que sigo corriendo, cada vez más, cada vez más rápido y sigo corriendo cada año el maratón de Madrid, para renovar ese compromiso que, un día hace ya varios años, contraje conmigo mismo. (Aunque Lucas tenía razón en que las **EMOCIONES** de la primera vez, no las he vuelto ni las volveré a tener).

Y eso es lo que vamos a trabajar a partir de ahora, cómo sentirte **SEGURO** en vez de **INSEGURO**, cómo cambiar **MIEDO** por **ILUSIÓN**, cómo comenzar a luchar por tus **SUEÑOS**, y **CAMBIAR EL MUNDO**, empezando por **TU MUNDO**.

Y vamos a comenzar a hacerlo con un nuevo ejercicio:

Ejercicio 5

Si recuerdas, en el ejercicio anterior hicimos una lista con 10 cosas que:

— Quieres hacer.
— Piensas que **NO** puedes hacer.
— Sabes Por Qué **NO** puedes hacerlas.

En este ejercicio, lo que voy a plantear es que te propongas a ti mismo hacer 10 cosas que:

— **CREAS** que no **PUEDES** hacer,
— que no te **SIENTAS** capaz de hacer y
— que te **GUSTARÍA** hacer.

No pienses en el grado de dificultad, cuanto más imposible... mejor. No dejes de poner ninguna en la lista que quieras hacer pero que la veas **IMPOSIBLE**, de eso consiste el ejercicio.

Te podría dar ejemplos, pero no quiero influir en tu decisión

(Por mi parte, me comprometo, al final del libro, a decirte 10 cosas que puse en una lista, igual que te pido a ti, después de correr mi maratón. Muchas de ellas, cuando las escribí, no creía que fuera capaz de hacerlas, te lo aseguro. También te diré si las he conseguido hacer o no, pero para eso deberás leer hasta el final este libro ☺).

Así que, solamente escribe esas 10 cosas.

Ahora quiero que las ordenes por orden de dificultad, es decir, en primer lugar, quiero que escribas lo que consideres que sería más fácil para ti y en último lugar lo que consideres que es más difícil para ti.

Y, de momento, lo dejamos aquí.

Por cierto, espero que estés guardando ese cuaderno donde haces los ejercicios y cuidándolo, te aseguro que lo necesitaremos posteriormente. (Y lo vas a usar mucho más de lo que crees).

10 | Motivación

Ya hemos visto que la **AUTOCONFIANZA** que tengamos en nosotros mismos es una fuerza extremadamente poderosa para conseguir nuestros propósitos.

Si recuerdas el funcionamiento cerebral, la **INSEGURIDAD** hace que seas "esclavo" de tu **PASADO**, y que tus **EMOCIONES** te impidan seguir adelante, te impidan pasar a la **ACCIÓN**.

Por el contrario, la **AUTOCONFIANZA**, el creerte capaz de hacer las cosas, hace que tu **PASADO** deje de jugar en tu contra, deje de ser una losa sobre tu espalda, una gran piedra en la mochila que cargas y que lleva todas tus experiencias, buenas y malas.

La autoconfianza hace que ese **PASADO** pase a jugar a tu favor, sea como el viento que sopla en tu dirección y hace que tu camino te resulte más fácil.

Porque cuando miras atrás puedes sentirte **INSEGURO** porque cuando has intentado algo no lo has conseguido, o **SIENTES** que ni siquiera has tenido nunca el valor de intentar algo **GRANDE**.

O puedes mirar y ver que, una y otra vez, consigues **TODO** lo que planteas, o que eres capaz de fracasar y levantarte con más fuerza y sabiduría, con la lección aprendida para no cometer los mismos errores, aunque te hayas equivocado y fracasado muchísimas veces.

Cuanto más trabajes en desarrollar esa AUTOCONFIANZA, más fácil te resultará luchar por lo que quieres, por tus SUEÑOS y CAMBIAR EL MUNDO.

En este capítulo vamos a darte más herramientas, ya que además de la AUTOCONFIANZA como fuerza para superar la INSEGURIDAD que está determinada por tu PASADO, vamos a darte una nueva FUERZA POSITIVA para SUPERAR el MIEDO, esa FUERZA NEGATIVA que estaba relacionada con la INCERTIDUMBRE de no poder controlar tu FUTURO.

Porque ese MIEDO, además de gestionarlo, debes contrarrestarlo y superarlo, y

¿Cómo lo puedes hacer?

A través de esa segunda fuerza poderosa que tienes a tu alcance: la MOTIVACIÓN.

La MOTIVACIÓN es el impulso que te mueve a hacer algo, sin MOTIVACIÓN no hay ACCIÓN. La MOTIVACIÓN es como el motor de arranque de un coche, lo que te pone en funcionamiento.

Pero,

¿Esa MOTIVACIÓN es igual para todos?

NO, en absoluto, cada uno de nosotros tiene MOTIVACIONES distintas, y cuanto más sepas cuáles son tus MOTIVACIONES, más fácil te resultará utilizarlas a tu favor.

 **¿Y de qué motivaciones estamos hablando?**

Pues las que TÚ personalmente tengas, lo que te mueva a hacer las cosas. Te puedes MOVER por SEGURIDAD, por PRESTIGIO, por ORGULLO, por DINERO, por RECONOCIMIENTO...

Hay infinidad de MOTIVACIONES posibles pero, como te digo, lo importante es reconocer cuáles son las tuyas, solo las tuyas, para poder utilizarlas a tu favor.

Nuevamente quiero que veas que NADIE puede influir en tu decisión, porque solo TÚ sabes cuáles son tus MOTIVACIONES, y no tienen por qué ser las mismas que las de tus padres, tu pareja, tus hijos, tus amigos, tus compañeros...

Y por eso nuevamente, te insisto en que el CAMBIO debe ser desde tu INTERIOR, que nadie más que tú influya en tu AUTOCONOCIMIENTO.

Si lo haces así, podrás ser completamente sincero contigo mismo.

Es muy bonito decirle al mundo o a los demás que nuestra MOTIVACIÓN es luchar por la paz, por un mundo mejor, por la igualdad social... y ojalá fuese así la MOTIVACIÓN de todos los seres humanos de este mundo.

Pero solo tú sabes (o puedes llegar a saber) cuáles son tus MOTIVACIONES reales, las que más fuerza tienen.

No pasa nada porque sean las ansias de poder y dinero, es totalmente lícito y no se lo tienes que decir a nadie si no quieres, pero lo fundamental es que te conozcas y lo aceptes porque si no es así, va a ser IMPOSIBLE tu CAMBIO.

Cuando explores dentro de ti, debes buscar cuál es tu MOTIVACIÓN más importante, porque será la fuerza más grande que puedas utilizar a tu favor.

Y, con el tiempo, esas MOTIVACIONES podrán ir cambiando o evolucionando, a medida que vas cumpliendo tus SUEÑOS (por eso te pido que guardes bien tus respuestas a los ejercicios, las volverás a usar muchas veces).

Te pongo un ejemplo:

Imagina que AHORA mismo, en este momento de tu vida, tu MOTIVACIÓN es conseguir mucho dinero. Ahora quiero que imagines que lo consigues, que llegas a tener mucho dinero, más del que jamás hayas soñado y más del que podrás gastar en toda tu vida. Llegado ese día:

 ¿Qué harás? ¿Descansar?

No, te aseguro que ese día buscarás otras motivaciones: ORGULLO, PERTENENCIA, RECONOCIMIENTO SOCIAL... lo que sea, pero los seres humanos necesitamos MOTIVACIÓN, porque si no hay MOTIVACIÓN no hay ACCIÓN. Y tú también la necesitarás.

Te pongo otro ejemplo...

¿Has visto alguna vez alguna persona que su trabajo lo era todo para él/ella?
¿Y has visto qué le pasa cuando esa persona se jubila?

O encuentra otra MOTIVACIÓN, algo que le haga levantarse de la cama cada día, o lo pasará mal.

Piensa si conoces a alguien cuya salud se haya deteriorado mucho a raíz de jubilarse, o incluso que haya muerto poco después de hacerlo, cuando estaba muy sano mientras trabajaba.

¿Te viene alguien a la cabeza?

Te pongo mi ejemplo personal.

En mi momento de mayor debilidad, cuando toqué fondo, mi MOTIVACIÓN era volver a sentirme FUERTE, ÚTIL, CAPAZ, PODEROSO, porque mis SENTIMIENTOS eran totalmente lo contrario.

Sin embargo, cuando cumplí mi objetivo del maratón, mis MOTIVACIONES cambiaron, evolucionaron, porque si no hubiera buscado otras, me habría quedado con un gran vacío, ya que, una vez conseguido el OBJETIVO te viene a la mente la pregunta...

¿Y ahora qué?

A partir de entonces, mi MOTIVACIÓN principal fue ayudar a los demás. Al principio no sabía qué tenía que hacer para conseguirlo, pero tenía claro que ese iba a ser el motor que arrancaría mi camino y me pondría en marcha.

 **¿Te ha quedado claro?**

Una cosa te voy a decir y quiero que lo recuerdes, y es que la MOTIVACIÓN no dura para SIEMPRE y que solo con MOTIVACIÓN no se consiguen las cosas.

Te voy a poner un ejemplo, el más característico:

¿Te ha pasado alguna vez que después de las fiestas de Navidad, te has mirado al espejo, has tocado tu tripa, te has pesado en la báscula, has visto que has cogido algún kilito y has dicho:

 **Mañana comienzo un régimen y comienzo a hacer deporte.**

Yo creo que nos ha pasado a casi todos, ¿cierto?

 **¿Sabes que la mayoría de las personas que se apuntan a un gimnasio solo van durante el primer mes? ¿Te has dado cuenta que si pagas una cuota por 6 meses o por 1 año, el precio por mes es muy inferior?**

Los propietarios de los gimnasios ya saben que un arranque de MOTIVACIÓN te va a hacer apuntarte, pero como eso no lo acompañes con "algo más", esa MOTIVACIÓN no durará para siempre, y hará que te rindas.

Pero no te preocupes, aunque la MOTIVACIÓN no dure para siempre, vamos a ver otras 2 nuevas herramientas, extraordinariamente poderosas, para la consecución de tu OBJETIVO, de tu CAMBIO personal, de tu lucha por tus SUEÑOS, y que van a ser el complemento perfecto para tu MOTIVACIÓN.

Ejercicio 6

Antes de darte esas otras 2 herramientas que te he prometido, vamos a trabajar sobre tu **MOTIVACIÓN**.

Y nuevamente te pido que cojas tu cuaderno, busques en tu interior y:

A) Escribas cuáles son tus mayores **MOTIVACIONES** en la vida. Es decir, aquello que te mueve realmente a hacer cosas, aquello que hace que puedas vencer tus **MIEDOS**.

B) Una vez que las has identificado, quiero que escribas cómo te **SIENTES** cuando estás **MOTIVADO**, qué **EMOCIONES** te invaden y cómo actúas.
Muy bien, de momento lo dejamos aquí, pero guarda la hoja donde lo has apuntado, porque seguiremos trabajando sobre ello.

Recuerda, nuevamente (qué pesado soy ☺) te pido que seas totalmente sincero contigo mismo, aunque las motivaciones que tengas no te gusten y/o te gustaría que fueran otras.

11 | Control emocional

Como recordarás, hasta ahora has visto cómo funciona el cerebro humano, con su parte INSTINTIVA, EMOCIONAL y RACIONAL, y cómo actúas muchas veces de manera INSTINTIVA, debido a tus EMOCIONES, sin poder controlar RACIONALMENTE tus actos.

Afortunadamente, estas respuestas automáticas son "NORMALES", siempre que no seas un psicópata ni hagas cosas que puedan perjudicar gravemente a tu vida (o a las de otros).

Pero dentro de esa "NORMALIDAD", es cierto que tu funcionamiento cerebral muchas veces te impide EVOLUCIONAR, por lo que está en tu mano comenzar a trabajar para ponerle solución.

También has visto cómo existen una serie de FUERZAS que van a jugar a tu favor y en tu contra, debido a las EXPERIENCIAS y APRENDIZAJE de tu PASADO y a la INCERTIDUMBRE de tu futuro.

Ahora es el momento en el que vas a comenzar a trabajar para que esas FUERZAS POSITIVAS superen a las FUERZAS NEGATIVAS que te impiden CAMBIAR, EVOLUCIONAR, luchar por tus SUEÑOS... CAMBIAR EL MUNDO.

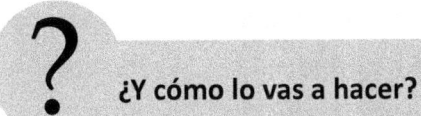
¿Y cómo lo vas a hacer?

Tienes 2 nuevas herramientas extremadamente poderosas que, si las aprendes a utilizar, van a hacer que todo sea completamente distinto.

La primera de ellas es lo que llamo **CONTROL EMOCIONAL**.

> **?** ¿Y qué quiere decir eso?
> ¿Qué puedo controlar las **EMOCIONES**?

Hasta cierto punto, sí. Recuerda que, cuando hablábamos de **INTELIGENCIA EMOCIONAL**, nos referíamos a la capacidad que tienes para usar tus **EMOCIONES** y las de los demás para tu propio beneficio.

Cuando hablamos de **CONTROL EMOCIONAL** nos vamos a referir al primero de los casos, al manejo de tus propias **EMOCIONES**.

Recuerda también que, cuando hablábamos de **EMOCIONES**, estas iban asociadas a respuestas automáticas provocadas por tu **CEREBRO REPTIL**, el **MIEDO** te paraliza, la **ILUSIÓN** te hace más creativo, la **AVERSIÓN** te puede hacer atacar o huir...

También hicimos un ejercicio en el que te pedía que identificaras qué hechos cotidianos te hacían sentir de una determinada manera, qué **REACCIONES** automáticas provocaban esas **EMOCIONES** en ti, y cuáles de esas **REACCIONES** te gustaban y cuáles te gustaría cambiar.

Pues ahora es el momento de que comencemos a trabajar para cambiar lo que no te gusta de ti mismo.

Para ello, vamos a intentar comprender, una vez más, cómo tu cerebro te manipula.

 **¿Más todavía, además de todo lo que hemos visto? ¿Por qué?**

Tu cerebro es un órgano que, como hemos dicho, tiene como **PRIMER OBJETIVO** la **SUPERVIVENCIA** (si te das cuenta, un ser humano no se puede quitar la vida sin ayuda externa, dejando de respirar o ahogándose con sus propias manos, siempre va a necesitar ayuda externa, hasta para tirarse de una ventana va a necesitar la ayuda de la altura y la gravedad).

El **SEGUNDO OBJETIVO** de tu cerebro va a ser luchar por la evolución de la especie.

 **¿Qué quiere decir eso?**

Que tu cerebro te va a "PREMIAR" cuando realices actos que beneficien a tu cuerpo y a la evolución de la especie.

 **¿Y esto cómo lo hace el cuerpo?**

Mediante la segregación de una serie de sustancias que te van a hacer **SENTIR** bien.

En el caso de la **SUPERVIVENCIA**, tu cerebro se encarga de segregar adrenalina, que hace que, ante situaciones límite, reacciones automáticamente, incluso con una fuerza increíble. Tu cerebro puede conseguir que hagas, a nivel físico, cosas que sería imposible que las hicieras en una situación normal.

Seguro que has escuchado infinidad de casos en el que una persona, ante una situación extrema encontró dentro de sí mismo una "fuerza sobrehumana" que le hizo levantar un gran peso, o actuar extremadamente rápido...

 **¿Verdad que sí?**

Pues de eso se encarga tu cerebro.

De igual manera, cuando hagas algo bueno para ti o tu especie, tu cuerpo te va a **PREMIAR** con otra serie de sustancias que te van a hacer sentir bien.

Sin intención a entrar en una explicación demasiado técnica, si me gustaría explicar cómo tu cuerpo, por orden de tu cerebro libera una serie de hormonas, como "endorfinas" o "serotonina" que te van a hacer sentir bien.

 **¿Y cuándo libera estas hormonas?**

Como te he dicho, cuando realizas actos que benefician a tu evolución, como especie y como individuo.

Por ejemplo, cuando haces deporte, el cerebro te premia, y te hace sentir bien.

Imagina alguna vez que hayas tenido una gran pereza a la hora de ir a hacer deporte, pero has conseguido reunir la MOTIVACIÓN necesaria para hacerlo.

Te voy a hacer algunas preguntas:

¿Al final de tu sesión deportiva, cómo os te has sentido?

Probablemente muy bien, porque tu cerebro te ha premiado porque has hecho algo bueno. Incluso puede que te hayas sentido tan bien que hayas pensado que ibas a ir al día siguiente nuevamente a hacer deporte.

¿Y al día siguiente que te ha pasado?

Seguramente habrás sentido otra vez pereza porque el efecto del PREMIO del cerebro ya se pasó.

Otros ejemplos de cómo el cuerpo te premia con actos que te benefician son:

— Lo bien que te SIENTES al tener sexo, porque beneficia a la perpetuación de nuestra especie,
— Lo bien que te SIENTES cuando consigues superar retos, porque beneficia a tu crecimiento personal,

— Lo bien que te SIENTES cuando aprendes cosas (no cuando nos obligan a estudiar) porque beneficia a tu desarrollo cognitivo,
— Lo bien que te SIENTES cuando disfrutas de momentos de ocio, descanso, relax, compañía de amigos, porque beneficia a tu desarrollo social...

En definitiva, en tu día a día hay múltiples actos que te hacen SENTIR bien, y la mayoría de las veces te SIENTES bien porque tu cerebro te PREMIA.

Y fíjate si es listo tu cerebro y sabe CONTROLARTE que, cuando haces algo que no te beneficia, no solo no te premia, sino que te "CASTIGA".

¡Venga ya! ¿Castigarme? No me lo creo
¡A ver! ¿Cómo lo hace?

Volviendo al deporte te voy a explicar cómo tu cerebro conoce tu cuerpo mucho mejor que tú.

Imagínate esta situación:

Después de Navidad te miras al espejo, ves que has engordado unos kilos, te pesas en la báscula y es más grave todavía de lo que el espejo te "sugería".

En ese momento, con toda la MOTIVACIÓN del mundo por lo que has visto, decides que quieres adelgazar, y que vas a hacer deporte.

Abres el armario, buscas tu ropa deportiva, la que te cuesta encontrar porque hace bastante que no la usas y te la pones.

Te das cuenta que te queda bastante pequeña y eso hace que te **MOTIVES** aún más para salir a hacer deporte, y te vas a correr cual gacela.

Gracias a tu **MOTIVACIÓN** tienes una gran dosis de adrenalina en tu cuerpo y te lanzas a exprimirte al máximo, todo el deporte que no has hecho en 5 años lo vas a hacer esa tarde.

Después de una hora trotando a paso de tortuga (hasta las abuelitas te adelantaban) llegas a casa, estás exhausto, asfixiado, pero feliz, convencido de que al día siguiente harás lo mismo, te acuestas y...

¿Qué pasa a la mañana siguiente?

Que no te puedes mover. Las agujetas que tienes son horribles, tu cuerpo te dice:

"Me parece que te has emocionado demasiado"

Te ha castigado porque has hecho más de lo que estabas preparado para hacer. Por mucho que sepas que las cosas las debes hacer de una manera moderada y poco a poco, tu exceso de **MOTIVACIÓN** te ha jugado una mala pasada.

Lo mismo pasa con todos los ejemplos que hemos puesto antes:

— Si sales el fin de semana a tomar una cerveza o una copa con amigos, el cerebro te PREMIA haciéndote SENTIR que has pasado un rato agradable.

¿Pero qué pasa si nos "emocionamos" demasiado y nos tomamos 10 cervezas y 10 copas?

Al día siguiente, el cerebro te CASTIGA con una resaca de las que se escriben en los libros de Historia.

— El trabajo es bueno para tu desarrollo personal y profesional, y tu cerebro te PREMIA por ello haciéndote SENTIR bien, con la satisfacción del deber cumplido, pero…

¿Si lo único que haces en la vida es trabajar?

El cerebro te CASTIGA haciéndote SENTIR un importante stress, que puede derivar en un infarto.

— Aprender es maravilloso, cuando aprendes cosas tu cerebro te PREMIA y te SIENTES bien.

¿Cómo crees que actuará tu cerebro, si lo único que haces es estudiar, durante 14 horas al día?

Te va a CASTIGAR, disminuyendo tu concentración y tus fuerzas.

— El sexo es maravilloso y necesario para la supervivencia de la especie, y cuando tienes sexo, el cerebro te PREMIA, de muchísimas maneras, pero...

¿Si SOLAMENTE vivieras, las 24 horas de día, por y para la búsqueda del placer sexual?
No sería sano, ¿verdad?

— Igualmente, estar tiempo con familia y amigos es excelente,

¿Pero qué pasa si solamente tenemos tiempo para los demás y no para nosotros mismos?

Lo que te quiero explicar con todos estos ejemplos es que, en tu vida cotidiana, hay muchas acciones que pueden hacer que te SIENTAS bien, porque estás haciendo algo bueno para ti.

El CONTROL EMOCIONAL consiste en descubrir qué es lo que te hace sentir bien y utilizarlo a tu favor.

El CONTROL EMOCIONAL consiste en entender el ESTADO EMOCIONAL en el que te encuentras en cada momento para actuar en consecuencia, dejándolo estar o intentando modificarlo.

¿Modificarlo? ¿Puedo modificar mi ESTADO EMOCIONAL?

Efectivamente, si consigues detectar cuándo estás triste, o con el ánimo bajo, o inseguro, puedes actuar para solucionarlo.

 **¿Me estás diciendo que si estoy triste puedo cambiar mi estado de ánimo?**

Depende del grado de tristeza. Si estás triste porque se te ha muerto un ser querido va a ser más difícil, pero si estás triste porque has tenido un mal día en la oficina...

 **¿Te ha pasado que un mal día en la oficina ha desencadenado en un mal día en casa y una pelea con tu pareja o tus hijos?**

El **CONTROL EMOCIONAL** consiste en que seas capaz de detectar un estado que no te gusta y consigas cambiarlo,

 **¿Cómo?**

Conociendo qué acciones te hacen **SENTIR** bien, que acciones hacen que tu cerebro te **PREMIE**.

Te lo voy a intentar explicar mejor con mi propia historia.

Como ya sabes, a partir del año 2009 y mi lucha por mi reto de correr el maratón de Madrid, mis hábitos de vida cambiaron, y la verdad que para bien.

Desde entonces, una de las cosas que me hacen **SENTIR BIEN** es salir a correr. Y siempre lo utilizo cuando mi **ESTADO EMOCIONAL** no es el "adecuado".

Fíjate hasta qué punto "sabemos" que es bueno para mí, que mi mujer, cuando me ve alterado, enfadado, triste... cuando ve "que no soy yo", lo primero que hace es darme las zapatillas y me dice...

"Vete a correr"

Una hora después aparezco por la puerta de casa, con una sonrisa, y me pregunta:

¿Estas mejor?

La respuesta siempre es... SÍ, muchas gracias.
Otras veces soy yo el que lo detecto y me digo a mí mismo...

"Sal a correr"

Y eso hago, obteniendo el mismo resultado, llegando a casa con un **ESTADO EMOCIONAL** que me gusta.

Si en vez de practicar el **CONTROL EMOCIONAL**, la respuesta de mi mujer fuera decirme que estoy insoportable, que nada más llegar a casa estoy gruñendo y protestando...

¿Cómo creéis que acabaría el día? No demasiado bien, ¿verdad?

Si en vez de entender que no estoy en mi MOMENTO EMOCIONAL ideal, y lo solucionara yéndome a correr. Si simplemente llegase a casa sin ganas de que nadie me moleste ni me hable porque he tenido un mal día en la oficina...

¿Cómo crees que acabaría el día?

A eso me refiero con CONTROL EMOCIONAL. Y no me estoy refiriendo a "reprimir" mis emociones, sino a identificarlas, ver qué es lo que no me gusta de lo que estoy SINTIENDO, y actuar para modificarlo, sabiendo que tengo el PODER y las HERRAMIENTAS para hacerlo.

Pero esto no solo lo puedes hacer cuando estés en un momento de "bajón", también lo puedes hacer cuando estés en un momento de EXCESIVA MOTIVACIÓN.

¿Te acuerdas cuando saliste a correr el primer día después de navidad y al día siguiente te querías "morir" a causa de las agujetas?

Ese exceso de MOTIVACIÓN también lo puedes CONTROLAR,

¿Cómo?

Identificándolo, y utilizando las herramientas que tienes a tu disposición.

Sigo con mi ejemplo:

Ya sabes que me gusta correr, te lo repito constantemente. Tanto me obsesioné con el tema que llegó un momento en que quería correr todos los días, como si fuera a ser un atleta olímpico ☺.

Mi mujer, con gran criterio, me dijo:

> "Creo que estás demasiado obsesionado con el running"

Y claro, yo le respondía que necesitaba correr, porque me tranquiliza, me relaja, me **CONTROLA EMOCIONALMENTE**.

> "Sí, pero tienes otros aspectos de tu vida que estás dejando descuidados: tu mujer, tus hijas..."

Y tenía toda la razón del mundo. Me hizo darme cuenta que estaba **HIPER-MOTIVADO**, que necesitaba mi "chute" de endorfinas, ese premio diario que mi cerebro me daba cuando salía a correr. Afortunadamente me di cuenta de mi error e intentamos solucionarlo.

 ¿Y cómo lo solucionamos?

Cambiamos unos buenos hábitos por otros buenos hábitos que me proporcionaran, al igual que correr, "hormonas de la felicidad". Buscamos otras actividades en las que mi **CEREBRO** me **PREMIARA** y fueran compatibles con mi familia.

Desde entonces, corro 3 días por semana (y está permitido algún día extra en caso de que sea necesario) y el resto de días, mi tiempo libre lo paso con mis hijas y mi mujer, con las reglas establecidas de que es un momento de disfrute, solo para ellas.

Pero claro, me puedes decir:

Y si vengo enfadado de la oficina, ¿cómo cambio ese enfado?

Te voy a enseñar mi truco:

NO LO CAMBIO, LO POSTPONGO

Cuando llego enfadado de la oficina, sé que mi siguiente reunión es con mi mujer y mis hijas, y al igual que no dejo que mi **ESTADO EMOCIONAL** afecte en mis relaciones laborales, tampoco dejo que me afecte en esa "reunión" que tengo con mi familia.

¿Y sabes qué es lo que pasa?

Que ese rato que paso jugando con mis hijas, me libera suficientes endorfinas para modificar mi ESTADO EMOCIONAL, hace que mi cerebro me PREMIE tanto que, aunque mis problemas sigan siendo problemas, ya no me estropean el día. Total, los problemas van a seguir ahí el día siguiente, ya lo solucionaré cuando corresponda.

Lo que quiero decir con todo esto es que además de detectar tu ESTADO EMOCIONAL y aplicar el CONTROL EMOCIONAL, debes encontrar tu EQUILIBRIO y usar tus EMOCIONES en tu beneficio, porque si no encuentras ese EQUILIBRIO, puedes llegar a ser esclavo de la solución, como me pasaba a mí con el running, que dependía tanto de esa actividad que dejaba otros aspectos fundamentales de mi vida descuidados.

Recuerda que hay múltiples acciones que te van a hacer SENTIR bien, en las que el cuerpo te va a PREMIAR, os podría enumerar millones, como ir a pasear, que te dé el sol (cuando estés triste no te quedes en casa, sal a que te dé el sol, generarás endorfinas, te hará bien) leer un libro...

Lo importante es que seas capaz de identificar cuándo no estás en un MOMENTO EMOCIONAL adecuado, sepas qué puedes hacer para modificarlo, decidas cuál es la mejor opción de todo lo que puedes hacer para ese momento... y lo hagas.

Esto te va a ayudar en tu vida personal, pero no pienses que solamente en ese aspecto de tu vida (aunque para mí sea el más importante).

Si quieres CAMBIAR EL MUNDO, emprender un negocio, hacer algo distinto, un nuevo proyecto, tendrás momentos de HIPER MOTIVACIÓN y de HUNDIMIENTO, no te puedes permitir ser esclavo de ninguno de ellos.

Recuerda que, al apuntarte al gimnasio lo haces por **HIPER MOTIVACIÓN**, al dejar de ir, lo haces por **HUNDIMIENTO**, ya que los objetivos **IRREALES** que te planteaste no los estás consiguiendo: más tiempo y dedicación de la que pensaste en más tiempo del que creíste.

Por eso, como hacía el Señor Miyagi con Daniel en Karate Kid, antes de darle forma a tu **SUEÑO** y comenzar a luchar por él (que lo vamos a hacer, ten paciencia) estamos trabajando en tu **AUTOCONOCIMIENTO**.

Porque cuanto más te conozcas en todos los aspectos que estamos viendo, más podrás utilizar el **CONTROL EMOCIONAL**, que no dudes que es una herramienta poderosísima que vas a necesitar para comenzar proyectos de una manera **REALISTA** y para **NO ABANDONARLOS**.

Por eso, para comenzar a aplicar el **CONTROL EMOCIONAL** a tu vida, te voy a plantear un nuevo ejercicio.

Ejercicio 7

Si recuerdas, a medida que hemos ido haciendo ejercicios te he dicho que guardases bien todo lo que escribieras (por eso te dije que compraras un cuaderno bien grande) porque volveríamos a trabajar sobre ello.

Ahora es el momento de comenzar a trabajar sobre lo que ya has trabajado.

Por eso me gustaría que volvieras al **Ejercicio 1**:

— Debería haber una lista de cosas que te provocan ciertas **EMOCIONES**.
— También debe haber una lista de **REACCIONES** que tienes a esas **EMOCIONES**, ¿cierto?
— Y también debe haber una lista indicando cuales de esas **REACCIONES** te gustaría cambiar, ¿verdad?

A) Muy bien, para completar ese ejercicio, haz una lista de cosas que haces o que puedes hacer que te hacen **SENTIR** bien, es decir, en las que tu cerebro te **PREMIA**. Debe ser algo que te resulte **FÁCIL** hacer.

B) Perfecto, ahora te voy a pedir que, en la lista que has hecho de **EMOCIONES** que provocan **REACCIONES** negativas y que quieres **CAMBIAR**, pongas a su lado una o varias de estas **ACCIONES** que podrías hacer para **SENTIRTE** bien.

OK, ya tienes tu primer mecanismo de **CONTROL EMOCIONAL**, ahora solo hace falta que lo pongas en práctica, por lo que tienes una última tarea.

C) Ahora vas a **HACER TODO LO QUE HAS DICHO QUE PUEDES HACER** durante **UNA SEMANA**, y después vas a volver a este ejercicio, por lo que, para asegurarnos que lo haces, coge el móvil y ponte una alerta para justo dentro de una semana que diga: "Retomar el Ejercicio 7".

D) Si has hecho bien la tarea deberías haber pasado una semana intentando aplicar mecanismos de **CONTROL EMOCIONAL** a las **REACCIONES** indeseadas que te provocan tus **EMOCIONES**.

Ahora quiero que contestes a esta pregunta

E) ¿Cómo han cambiado tus **REACCIONES**?

12 | Planificación

Ya estamos casi llegando al fin de la primera parte del libro, en la que estamos trabajando tu AUTOCONOCIMIENTO.

Esta primera parte es fundamental porque vas a necesitar todas las armas que tengas a tu disposición para llevar tus PROYECTOS adelante, para luchar por tus SUEÑOS, para CAMBIAR... PARA CAMBIAR EL MUNDO.

Si recuerdas, haciendo un resumen de lo visto hasta ahora, tienes una serie de FUERZAS POSITIVAS que te van a ayudar a conseguir tus SUEÑOS y otras FUERZAS NEGATIVAS que van a intentar impedirte que te MUEVAS, que te van a llevar a la INACCIÓN.

Estas FUERZAS NEGATIVAS están totalmente relacionadas con tu cerebro EMOCIONAL y van a estar determinadas por tu PASADO (INSEGURIDADES) y la INCERTIDUMBRE sobre tu FUTURO (MIEDOS).

Para contrarrestarlas debemos utilizar nuestras FUERZAS POSITIVAS, las cuales habíamos definido como AUTOCONFIANZA (en contraposición a tus INSEGURIDADES) y la MOTIVACIÓN (en contraposición al MIEDO).

También hemos visto cómo puedes utilizar el CONTROL EMOCIONAL, una herramienta extraordinariamente poderosa a la hora de afrontar los retos, sentirte capaz y luchar por tus SUEÑOS, además de frenar también la ULTRAMOTIVACIÓN.

Porque no olvides nunca que debes tener POTENCIA, pero también debes tener CONTROL, ya que solo con POTENCIA no llegarás a tu destino.

Si ponemos el ejemplo de un coche, es necesario acelerar al máximo cuando la carretera nos lo permita, pero también hay que saber frenar cuando venga una curva y manejar con el volante la dirección de nuestro coche para llevarlo por el camino que nos marca la carretera. Si no somos capaces de hacerlo, es probable que nos estrellemos en la primera curva.

 Pero... ¿cómo sabemos cuándo estamos en una recta y cuándo en una curva?

Eso lo vamos a ver en la segunda parte de este libro, que va a estar dedicada a CONSTRUIR ese camino de CAMBIO y TRANSFORMACIÓN, a través de la PLANIFICACIÓN y el CONTROL para la consecución de tus SUEÑOS.

Por eso, antes de comenzar esta segunda parte, te anticipo que lo que vamos a hacer es algo tan simple y a la vez tan complejo como lo siguiente: un PLAN.

Vamos a PLANIFICAR cómo vamos a conseguir nuestro SUEÑO, cómo vamos a materializar nuestra IDEA y cómo vamos a ir, paso a paso, llegando a nuestro DESTINO.

Y a lo mejor ahora estás pensando:

"¡Pero si yo ni siquiera sé qué es lo que quiero hacer!"

No te preocupes, no hace falta.

Porque no hace falta que al principio tengas todas las respuestas, pero sí vamos a ver todo lo que te va a suceder en el camino y cómo obtener dichas respuestas a medida que las preguntas vayan surgiendo.

Lo que sí es importante es que no te lances a la aventura de **EMPRENDER** un nuevo proyecto, de hacer algo complejo, sin haber **PLANIFICADO** antes.

También te digo que ese **PLAN** en el que vas a trabajar es algo **DINÁMICO** y que lo vas a modificar muchas veces, ya que no has recorrido nunca ese **CAMINO**, y es **SEGURO** que vas a tener que hacer muchos ajustes a lo largo del mismo.

Y una cosa te voy a decir, cuanto más flexible seas a la hora de ajustar tu **PLAN**, más posibilidades tendrás de éxito, de triunfar, de conseguir tu objetivo.

Te pongo un ejemplo:

Imagina que vives en Madrid y tu **SUEÑO** es viajar a Barcelona,

¿Qué es lo que haces?

Un **PLAN**. Aunque me puedes decir...

**¡Pero para ir a Barcelona no hace falta un PLAN!
¿Cómo que no? Fíjate.**

— Debes decidir CUÁNDO vas a ir.
— Debes decidir CÓMO vas a ir.
— Si vas en avión... ¿CÓMO vas a ir al aeropuerto? ¿A QUÉ HORA vas a salir de casa?
— Debes planificar CUÁNTO va a durar tu viaje.
— Debes decidir si vas a ir solo o acompañado por alguien.
— Debes decidir de dónde vas a sacar el dinero para ir.
— Debes comenzar tu viaje.
— Debes prepararte para posibles imprevistos.

¿Imprevistos?

Si señor, imprevistos, y esas van a ser las modificaciones del PLAN, pase lo que pase, debes ser lo suficientemente flexible para gestionar los imprevistos que pasen para conseguir tu OBJETIVO... llegar a Barcelona.

Imagina que quieres ir en coche, decides ir el 9 de enero y el día anterior cae una nevada que hace que circular sea muy peligroso...

¿Qué harías?

Imagina que quieres ir en avión, cuentas con un dinero que te van a pagar para comprar el billete y al final ese dinero no te llega...

 **¿Qué harías?**

Imagina que tienes planificado ir con una persona y que esa persona el día anterior se pone enferma...

 **¿Qué harías?**

Y así te podría decir muchos más imprevistos que pueden surgir y que debes saber gestionar.

Todos los días de tu vida estás planificando, lo que pasa es que lo haces de una manera automática.

Planificas a qué hora te vas a despertar, a qué hora vas a salir de casa, qué ropa te vas a poner, cómo vas a llegar a tu trabajo... planificas muchísimas cosas todos los días de tu vida y, sin embargo...

Cuando quieres hacer algo nuevo, un gran cambio, te quedas paralizado porque no sabes CÓMO HACERLO.

 **La respuesta es PLANIFICANDO.**

Si tu objetivo es ir a Barcelona, te pueden pasar millones de cosas que te impidan llegar, y tendrás que solucionarlas, pero que nada te aleje de tu objetivo... llegar a Barcelona.

Esa es la idea, y en eso comenzaremos a trabajar dentro de 2 capítulos, para realizar un **PLAN** que te lleve a tu destino, pero antes debemos dedicar un capítulo a trabajar un concepto que va a ser clave para que triunfes o te rindas ante la primera adversidad (que te aseguro que habrá muchas).

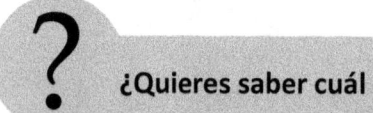

¿Quieres saber cuál es?

13 | Echarle un par de huevos

Últimamente se ha puesto muy de moda un concepto, RESILIENCIA. Si miramos su definición (Wikipedia), tenemos que es: "La capacidad de afrontar la adversidad saliendo fortalecido y alcanzando un estado de excelencia profesional y personal".

Personalmente, no me gusta demasiado el nombre de RESILIENCIA, pero lo voy a respetar, en honor a mi gran amigo Manuel Medina el cual, hace unos años, asistió a unas conferencias sobre "algo nuevo" que se llamaba RESILIENCIA, a enterarse muy bien de qué iba esto.

Manuel y yo éramos compañeros de trabajo y al llegar a la oficina después de acudir a esa charla, convocó una reunión para explicarnos bien "qué era eso de la RESILIENCIA".

Su respuesta fue clara y contundente:

> **Llaman RESILIENCIA a lo que toda la vida se ha llamado "echarle un par de huevos"**

Esta anécdota que comparto contigo es para explicarte que la RESILIENCIA no es ni más ni menos que la CONSTANCIA, la DETERMINACIÓN, la PERSEVERANCIA, NO RENDIRSE jamás a pesar de que las cosas no estén saliendo como las **PLANEAMOS**.

- **RESILIENCIA** es apuntarse al gimnasio, pagar seis meses, e ir los 6 meses.
- **RESILIENCIA** es hacer las cosas cuando tienes ganas y hacerlas cuando no tienes ganas.
- **RESILIENCIA** es **ACTUAR** cuando estás **MOTIVADO** y hacerlo cuando **NO** estás **MOTIVADO**.
- **RESILIENCIA** es **NO RENDIRSE** cuando las cosas van mal, sino levantarse todas las veces que te caigas y seguir adelante.
- **RESILIENCIA** es aprender de los fracasos y errores, y salir **FORTALECIDO** de ellos en vez de **INSEGURO**.
- **RESILIENCIA** es confiar en tu **CAPACIDAD** para afrontar los retos que te vengan, para superar tus **MIEDOS**, en vez de dejarte paralizar por los mismos.
- **RESILIENCIA** es que se te rompa el coche a mitad de camino de Madrid a Barcelona y no darte la vuelta, sino hacer todo lo **IMPOSIBLE** para llegar a Barcelona.

En definitiva, resumiendo todo lo que hemos visto hasta ahora:

RESILIENCIA es hacer que las FUERZAS POSITIVAS que tienes superen a las FUERZAS NEGATIVAS, aprovechando todas tus herramientas, incluido el CONTROL EMOCIONAL y la PLANIFICACIÓN.

Porque una cosa te ASEGURO: vas a hacer un PLAN, lo más detallado posible para dejar el menor número de cosas en manos de la SUERTE y el AZAR, pero ese PLAN no va a salir exactamente como lo hayas diseñado.

Si te dejas vencer ante la primera dificultad, QUE LAS VA A HABER, nunca llegarás a tu OBJETIVO, nunca alcanzarás tus SUEÑOS, nunca CAMBIARÁS EL MUNDO.

Puedes ver múltiples ejemplos de personas que admiras, porque han conseguido algo que a ti te gustaría conseguir: dinero, poder, fama, reconocimiento, éxito... lo que sea que tengan que tú admires.

— Te aseguro que NINGUNO ha llegado a donde está sin FRACASAR.
— NINGUNO ha llegado a donde está sin tener que luchar para NO RENDIRSE.
— NINGUNO ha llegado a donde está sin TRABAJAR, sin ser CONSTANTE, sin ser PERSEVERANTE, sin CAERSE y LEVANTARSE, una y otra vez.
— NINGUNO ha llegado a donde está sin un PLAN.
— NINGUNO ha conseguido que su PLAN se cumpliera tal y como lo diseño.
— TODOS han tenido que hacer múltiples ajustes a su PLAN, pero no han cambiado lo principal, su OBJETIVO (llegar a Barcelona ☺).
— TODOS han tenido MIEDO, pero lo han gestionado y superado.
— TODOS han querido RENDIRSE en un momento determinado, pero NO LO HAN HECHO.

— TODOS han pensado en algún momento que no lo iban a conseguir, pero HAN SEGUIDO ADELANTE.
— TODOS han tenido INSEGURIDADES, pero han confiado más en su CAPACIDAD (AUTOCONFIANZA).

En definitiva, NINGUNO de ellos son SUPERHÉROES, los SUPERHÉROES no existen, TODOS son personas NORMALES, como tú y como yo, que en un momento dado descubrieron cuál era su SUEÑO, se propusieron un OBJETIVO, diseñaron un PLAN, y utilizaron todas las HERRAMIENTAS que tenían a su alcance para conseguirlo.

 ¿Y cuáles son esas herramientas?

TODAS las hemos visto y TODAS están dentro de algo que tienes, tu CEREBRO, con sus 3 partes.

Tu parte RACIONAL te va a ayudar a diseñar tu PLAN, a entender dónde estás en cada momento, qué es lo que está saliendo bien y lo que está saliendo mal, qué debes seguir haciendo y qué debes cambiar.

Tu parte EMOCIONAL te va ayudar a NO RENDIRTE, a encontrar la MOTIVACIÓN para hacer las cosas, a SENTIR que eres capaz, que PUEDES conseguirlo.

Y tu parte INSTINTIVA va a sacar fuerzas de donde NO las tienes para seguir ADELANTE, para conseguir tu OBJETIVO, para LUCHAR POR TU SUEÑO y para CAMBIAR EL MUNDO.

Así que, ahora sí, terminamos la primera parte de nuestro libro, la que hemos dedicado a tu AUTOCONOCIMIENTO y, antes de comenzar la segunda parte, me gustaría que me respondieras a estas dos preguntas:

¿Tienes la suficiente DETERMINACIÓN para SOÑAR, ponerte un OBJETIVO, diseñar un PLAN, pasar a la ACCIÓN y NO RENDIRTE hasta que lo consigas? ¿Quieres que comencemos a CAMBIAR EL MUNDO?

Si la respuesta es SÍ... entonces no puedo decirte otra cosa que:

Adelante... CAMBIEMOS EL MUNDO

14 | Comencemos con el PLAN

Bienvenido a la segunda parte del libro, si has llegado hasta aquí es porque realmente quieres CAMBIAR... PARA CAMBIAR EL MUNDO.

Te doy las gracias por haber llegado hasta aquí, por leer todo lo que tengo que contarte y te animo a que sigamos recorriendo juntos este camino para comenzar tu EVOLUCIÓN y tu CAMBIO INTERIOR.

Si recuerdas, en la primera parte del libro, hemos profundizado en las "peculiaridades" de los seres humanos, cómo tienes un cerebro que te hace ser ÚNICO, y cómo este cerebro tiene una serie de características que, explotándolas adecuadamente, te pueden hacer INVENCIBLE y EXTRAORDINARIO.

Sin embargo, si no lo utilizas adecuadamente, esa misma herramienta que te puede hacer INVENCIBLE, te puede jugar malas pasadas y condenarte a la INACCIÓN.

Es un grave error creer que simplemente porque tienes un cerebro RACIONAL tienes el CONTROL de todos tus actos, por eso tu AUTOCONOCIMIENTO es fundamental para tu desarrollo PERSONAL y, por consiguiente, PROFESIONAL.

Te voy a poner otro ejemplo de lo INVULNERABLES que los seres humanos nos CREEMOS, y lo EQUIVOCADOS que estamos.

El ser humano es el único animal que tiene la posibilidad de hablar. Y por el hecho de hablar, pensamos que nos comunicamos bien cuando, en realidad, el ser humano es el animal de la naturaleza que peor se comunica.

 ¿No te lo crees?

Piensa por un momento en un enjambre de abejas, una bandada de pájaros o un banco de peces.

Si alguna vez te has parado a observar cómo se organizan, da la sensación de que actúan como un organismo único... y no tienen la habilidad de hablar.

 ¿Crees que los humanos, pudiendo hablar, lo hacemos tan bien?

Rompamos paradigmas, no somos tan perfectos como pensamos pero, como hemos visto, somos capaces de hacer cosas **EXTRAORDINARIAS**, la clave es saber **CÓMO HACERLO**.

En esta segunda parte vamos a trabajar eso, cómo desarrollar un plan para conseguir lo que **DESEAS**.

Este plan va a ser estructurado, y va a tener en cuenta 3 aspectos fundamentales:

A) El protagonista principal, que eres TÚ y que es la parte que mejor debes controlar (por eso el sentido de la primera parte del libro).
B) **TU ENTORNO INMEDIATO**, directo, sobre el que puedes tener cierto control e influencia.
C) **TU ENTORNO EXTERNO**, todo aquello que va a afectar a tu plan, sobre lo que NO tienes ningún tipo de CONTROL, pero que debes conocer, sobre todo para prever cómo puede a afectar a tu PLAN.

Por eso, lo primero que vamos a hacer es seguir trabajando en ti.

En tu plan debes tener claro los distintos ESTADOS DE MADUREZ por los que vas a pasar, a medida que tu PLAN se va desarrollando.

¿ESTADOS DE MADUREZ? ¿Eso qué es?

Te pongo un ejemplo, seguro que conoces a Mark Zuckerberg. Por si no lo conoces (aunque no lo creo probable), es el creador, propietario y CEO de Facebook.

Si te digo que Mark Zuckerberg es un empresario, creo que "casi" seguramente estarás de acuerdo conmigo, pero mi pregunta es...

¿Siempre ha sido Mark Zuckerberg un empresario?

Y cuando digo SIEMPRE, no me refiero a toda su vida, sino a desde que comenzó a hacer su SUEÑO realidad, desde que estaba en un momento similar al tuyo, a punto de empezar.

Nuevamente estoy "casi" seguro que has contestado que NO. Te voy a hacer entonces otra pregunta...

¿Crees que desde que comenzó su proceso de "lucha" por su SUEÑO ha evolucionado?
¿Ha tenido diferentes roles?
¿Ha modificado su Plan?

Aquí estoy "casi" seguro que has contestado que SÍ.

A eso es a lo que me refiero, debes hacer un PLAN en el que tengas claro el FINAL (recuerda el viaje de Madrid a Barcelona), pero debes ir adaptándolo a las diversas etapas que vas a pasar.

Si haces un PLAN para crear una empresa como Facebook, te aseguro que vas a fracasar. Pero si tu PLAN es...

"Cambiar la manera en que las personas del mundo se comunican"

Eso ya tiene mejor aspecto. A eso me refiero con el FIN, el OBJETIVO ÚLTIMO.

Pero no me quiero desviar del tema, estábamos diciendo que la primera parte del plan se va a centrar en las etapas que vas a pasar, y son las siguientes:

SOÑADOR – ESPECIALISTA – EMPRENDEDOR – EMPRESARIO

Las vamos a ir viendo una a una, y vamos a ir viendo cómo debes desarrollar tu PLAN en cada una de las etapas, porque si no EVOLUCIONAS de un rol al siguiente, no conseguirás tu SUEÑO. Debes pasar a la ACCIÓN, y te voy a explicar por qué:

A) De nada vale SOÑAR, si no sabes cómo hacer ese SUEÑO realidad, por lo que debes formarte y estar totalmente preparado para ponerlo en funcionamiento. Si no te conviertes en un ESPECIALISTA, solo será un SUEÑO.

B) De nada sirve que seas la persona que más sabe en el mundo de algo, si no lo introduces en la sociedad y, sobre todo, si no lo MONETIZAS, es decir, si no consigues ganar dinero con ello. Si no lo haces, solo será un HOBBIE o AFICIÓN, y para MONETIZARLO debes convertirte en un EMPRENDEDOR.

C) Una vez que veamos cómo monetizar tu SUEÑO y tu HOBBIE, tendrás que tomar otra decisión, y esta es si te conformas con lo que has conseguido o si quieres CRECER. Este será el paso que debes dar para llegar a ser EMPRESARIO.

En definitiva, estás a punto de comenzar un camino que te va a llevar TODA TU VIDA.

¿Toda mi vida?

Sí, **TODA TU VIDA** porque una vez que comiences a luchar por tu **SUEÑO**, si de verdad quieres conseguirlo, no deberías parar nunca, no pienses que esto es cuestión de dedicar unas horas, unos días o unos meses de tu vida.

Las personas que consiguen sus **SUEÑOS** cambian su manera de vivir y todo lo que hacen lo hacen en función de eso, sus **SUEÑOS**.

Por eso te decía al principio del libro que no te creas a todas esas personas que te dicen de manera gratuita:

> **"Lucha por tus sueños, es muy fácil, tu puedes conseguirlo, el único límite está en tu interior...."**

De todo lo que dicen, tienen razón en "casi" todo, menos en lo que es **FÁCIL**.

También habrás escuchado algo así como...

> **"Encuentra tu PASIÓN y no tendrás que trabajar ningún día de tu vida".**

Tampoco es cierto, trabajarás muchísimo, seguro que muchísimo más que ahora, pero seguro que lo harás con gusto, felicidad y pasión.

Y cuando lleves mucho tiempo luchando y estés consiguiendo acercarte a tu **SUEÑO**, ese trabajo cada vez te parecerá más sencillo, tendrás menos **MIEDOS**, más **EXPERIENCIA** y más **SABIDURÍA**, pero eso solo lo habrás conseguido a base de ESFUERZO, CONSTANCIA, DEDICACIÓN, APRENDIZAJE y LUCHA, mucha LUCHA.

Porque te aseguro que NADIE que esté consiguiendo sus SUEÑOS te va a decir que SIEMPRE ha sido FÁCIL. Lo que pasa es que si miras a esa persona solo ves el ÉXITO y no todo lo que hay detrás.

Como dice mi gran amigo Samuel:

"No envidies mi ÉXITO, si no conoces mis SACRIFICIOS"

Te pongo otro ejemplo, recuerdas mi "hazaña" de correr el maratón de Madrid en el año 2010, ¿cierto?

Eso fue increíblemente difícil para mí, creía que iba a ser IMPOSIBLE por cómo era yo en ese momento.

Desde aquel entonces, corro de manera habitual, como ya te he dicho, y todos los años corro varias carreras de 10 km, alguna media maratón (intento correr todos los años la Media Maratón de Bogotá, os la recomiendo, en altura, a 2.600 metros) y, si puedo, una maratón al año.

Este año 2016 he vuelto a correr la maratón de Madrid, esta vez fue el 24 de abril. Si alguien me hubiera visto ese día hubiera podido pensar:

"!Qué fácil es correr una maratón!"
Pero... ¿Qué pasó este año distinto del primero?

Estoy más en forma que hace 6 años, cada vez sé cómo prepararme mejor, mis entrenamientos son más orientados y específicos... en definitiva, he transformado mi cuerpo y mi mente, además de tener mucha más experiencia y sabiduría.

Este año acabé la maratón en 45 minutos menos que la primera vez. Al terminar me fui andando hasta el tren de Atocha desde el Retiro, me fui a casa de mis padres, me di una ducha, almorcé con mis padres, mi mujer, mis hijas, mi hermano y su familia, me eché una siesta y nos fuimos a pasear por la tarde para relajar las piernas.

Ese mismo día del año 2010, además de tardar 45 minutos más, llegué desfallecido, me tuvieron que quitar la ropa y vestirme porque no podía casi moverme, no pude dormir en 2 días del cansancio extremo que tenía y durante una semana no pude andar bien del agotamiento muscular.

Como te digo, si alguien me hubiera visto este año entrar a la meta hubiera pensado...

> **?** ¡Qué fácil debe ser!

Y no sabe realmente todo el **TRABAJO, ESFUERZO** y **CONSTANCIA** que hay detrás.

Por eso te digo, no hagas caso a **NADIE** que te diga que es fácil, no lo es.

> No es fácil, pero... ¿Se puede? Porque si no se puede, ni lo intento.

Si, por supuesto que **PUEDES**, y para eso estamos trabajando, así que...

 **Comencemos a preparar tu PLAN**

15 | Define un objetivo – Sueña

Seguro que te ha pasado que has tenido (o tienes) una etapa en tu vida en la que no te gusta lo que haces, estás cansado y quieres cambiar las cosas. Si en ese momento alguien te preguntara...

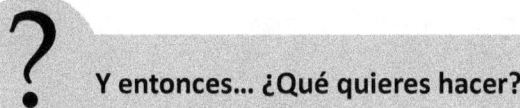
? Y entonces... ¿Qué quieres hacer?

Es muy probable que tu contestación fuera:

" "No lo sé, pero no lo que estoy haciendo".

La mayoría de personas que quieren hacer algo distinto en su vida, no pasan de aquí.

? ¿Por qué?

Porque es la excusa perfecta para NO HACER NADA. Decirse a uno mismo: no me gusta lo que hago, quiero hacer las cosas distintas, pero no sé exactamente el qué, en cuanto lo descubra... **CAMBIARÉ** y lo haré.

Mi querido amigo, eso es engañarte a ti mismo, es como decir:

> "Puedo dejar de fumar cuando quiera, lo que pasa es que no quiero"
> "Me voy a separar de mi mujer, pero no ahora, por mis hijos, no es el momento"
> "Voy a dejar mi trabajo, pero ahora no, cuando tenga tiempo para buscar algo mejor".

Todos tenemos millones de excusas para **NO** hacer las cosas, yo te aseguro que me he puesto, a lo largo de mi vida, todas las que se te ocurran y alguna más. Te voy a poner unos cuantos ejemplos más de excusas que te puedes poner:

> "No tengo por qué hacerlo"
> "No es el momento adecuado"
> "Comenzaré cuando..."
> "No es para mí"
> "No sé cómo hacerlo"

Y es que, para hacer **ALGO**, solo hay algo más importante que todas esas excusas juntas:

 **QUERER HACERLO**

Si esperas al momento ideal para ti: NUNCA VA A LLEGAR.

Así que, lo primero que debes hacer es descubrir de verdad:

 **¿Qué quieres hacer?**

Y para descubrirlo, debes SOÑAR.

 **¿Por qué te digo que debes SOÑAR?**

Porque si piensas con tu cerebrito RACIONAL, tus SUEÑOS van a ser muy chiquitos, ya que van a empezar a venir a tu mente tus MIEDOS y tus INSEGURIDADES.

 **¿Los recuerdas?**

Entonces, no seas REALISTA, SUEÑA, cuanto más utópico, idealista, alocado, imposible, mucho mejor.

Y no te creas que te estoy diciendo que vivas en un mundo de ilusión, NO, pero en esta primera fase NO DEBES SER REALISTA, ya lo serás a la hora de hacer REALIDAD TU SUEÑO.

Hace unos años, escuché una frase que me marcó profundamente y que quiero compartir con todos vosotros, es de un gran conferencista colombiano llamado Luis Miguel Trujillo, y es:

 "El problema no es apuntar ALTO y FALLAR, el problema es apuntar BAJO y ACERTAR"

Y no podría estar más de acuerdo con él,

¿Por qué no haces cosas EXTRAORDINARIAS?

Porque cuando intentas algo grande y fallas te sientes MAL, sin embargo cuando intentas algo chiquito y lo consigues, te sientes BIEN, y prefieres TRIUNFAR en cosas CHIQUITAS, que FRACASAR en cosas GRANDES.

Por lo tanto, te pido que SUEÑES ALTO, lo más alto que puedas, un poco más alto todavía, ya que ese SUEÑO va a ser la MOTIVACIÓN que guíe todo tu camino, y cuando QUIERAS RENDIRTE, que querrás, pregúntate:

 ¿Por qué empecé?

Y entonces podrás SENTIR lo que te hizo empezar, la búsqueda de ese SUEÑO, tan difícil que es normal que de vez en cuando SIENTAS que NO PUEDES, pero en ese momento debes buscar de nuevo esa MOTIVACIÓN que te hizo empezar, para seguir adelante.

 **¿Recuerdas la RESILIENCIA? No es más que eso.**

Te voy a decir una cosa, a las personas que NO SUEÑAN, no les gusta que los demás lo hagan, y les gusta menos aún que consigan sus SUEÑOS, por lo que ten mucho cuidado a quien le cuentas tus SUEÑOS, ya que hay muchos DESTRUCTORES DE SUEÑOS que te pueden decir cosas del estilo:

"Soñar es muy bonito, pero hay que comer todos los días, así que, déjate de tonterías y asume tu lugar en el mundo"

Mi querido amigo, SOÑAR es gratis, y nadie te está diciendo, de momento, que dejes tu trabajo, tu vida, tu sustento...por ese SUEÑO, solo te estoy pidiendo que SUEÑES, nada más.

Voy a intentar explicarte un poco mejor lo que quiero decir:

Como debes recordar (porque soy bastante pesado recordándotelo) en el año 2009 comenzó mi proceso de TRANSFORMACIÓN, yo no tenía ni idea de qué quería hacer, y encima me sentía enooooormemente inseguro, por lo que decidí demostrarme a mí mismo que podía hacer algo grande, corriendo mi maratón.

Una vez que superé mi gran reto, descubrí cual era mi SUEÑO, y no era otro que CAMBIAR EL MUNDO, pero

 **CAMBIAR EL MUNDO... ¿cómo?**

NO LO SABÍA, yo solo quería hacer algo grande que **CAMBIARA EL MUNDO**, pero no tenía ni idea de **CÓMO** hacerlo.

Tan claro tuve que **QUERÍA** hacerlo que tomé esa frase como mi gran **MOTIVACIÓN**.

En ese momento **SOÑÉ ALTO**, muy alto, deje que mi mente tuviera ese **SUEÑO** y me **CREÍ** a mí mismo **CAPAZ** de conseguirlo, ya había conseguido mi gran reto y me había demostrado a mí mismo que podía ser capaz de todo lo que me planteara, así que...

¿Por qué no iba a poder CAMBIAR EL MUNDO? Claro que sí.

Seguía sin tener ni idea de **COMO HACERLO**, pero me dije a mí mismo que, si algún día escribía un libro, se llamaría **CAMBIA... PARA CAMBIAR EL MUNDO**.

(¿Un libro? Hasta ese día lo máximo que había escrito eran correos electrónicos de trabajo, hacía que no escribía una carta desde la adolescencia y una redacción desde el colegio, pero como puedes comprobar lo he cumplido... 7 años después).

Poco a poco, descubrí que mi manera de **CAMBIAR EL MUNDO** sería a través de las personas, ayudándolas.

Pero incluso en ese momento, no tenía ni idea de **CÓMO** iba a hacerlo, aunque sí que me di cuenta que **TODO** iba, poco a poco, tomando forma.

 **¿Por qué es muy importante que SUEÑES y que tengas claro tu SUEÑO?**

Porque cuando tengas claro tu SUEÑO, y comiences a luchar por él, debes hacer algo que te va a costar, y es lo siguiente:

 **Evaluar TODO lo que haces en tu vida, para ver si te están ACERCANDO o ALEJANDO de TU SUEÑO.**

En mi caso, desde ese día que tuve claro cuál era mi SUEÑO, evalúo si todo lo que hago en mi vida me ayuda a conseguir mi SUEÑO de CAMBIAR EL MUNDO, AYUDANDO A LAS PERSONAS.

Eso no quiere decir que elimine todo lo que no me ayuda a conseguir mi SUEÑO, pero sí soy consciente de lo que me afecta positivamente, lo que no me influye, y lo que me afecta negativamente, y de esa manera puedo, SI QUIERO, eliminarlo o luchar para que NO INFLUYA sobre MI SUEÑO.

Por ejemplo, volviendo al gimnasio vamos a ver la diferencia entre apuntar BAJO y apuntar ALTO.

Si apuntas BAJO, tu SUEÑO será adelgazar 5 kilos para no tener tanta barriga. Entonces, como el PREMIO es CHIQUITO, tu ESFUERZO será CHIQUITO y...

 **¿Qué harás?**

Apuntarte al gimnasio, pagar 6 meses, empezar una dieta y abandonarlo todo en 2 semanas, sin haber adelgazado los 5 kilos o, si los has adelgazado, los volverás a recuperar más rápidamente de lo que los perdiste.

Sin embargo, si apuntas ALTO y tu SUEÑO fuera algo del tipo:

— Cambiar tu estilo de vida hacia uno más saludable,
— Cambiar tu físico,
— Adelgazar,
— Estar más fuerte,
— Más ágil,
— Más sano,
— Tener una vida larga, saludable y con una gran calidad,
— Disfrutar muchos años de ti mismo, tu pareja y tus hijos.

Ese SUEÑO ya es más grande, ¿verdad?
Y el PREMIO es más GRANDE, ¿no crees?
Entonces...

 **¿Qué estarías dispuesto a conseguir por ese SUEÑO TAN GRANDE?**

Probablemente diseñarías un PLAN como estamos haciendo, el que te comprometerías CONTIGO MISMO a seguir (no a apuntarte al gimnasio para aliviar tu conciencia) y evaluarías, a partir de entonces, si todo lo que haces en tu vida, te acerca o te aleja de dicho PLAN.

 **Sería lógico, ¿cierto?**

De la primera manera lo harás por una MOTIVACIÓN pasajera que desaparecerá y de la segunda manera será una decisión consciente, razonada y planificada, con muchas más posibilidades de ÉXITO.

Como te he dicho ya muchas veces, y vamos viendo en cada paso que estamos dando, no va a ser FÁCIL y vas a tener que CAMBIAR TÚ, para ir CAMBIANDO TU ENTORNO, y luego CAMBIAR EL MUNDO.

Eso sí, el PREMIO va a ser ENORME, te lo aseguro ☺.

Y para que comiences a trabajar y pases a la ACCIÓN, vamos a hacer a continuación un nuevo ejercicio, que hace mucho que no hacemos ninguno.

Este ejercicio es muy SIMPLE, pero enormemente DIFICIL, porque te voy a pedir que apuntes, y que lo hagas TODO LO ALTO QUE PUEDAS.

Ejercicio 8

Pues vamos a **SOÑAR**.

Por eso te pido nuevamente que cojas tu cuadernito, tu bolígrafo, y te vayas a un lugar relajado en el que puedas desconectar durante un rato, porque lo te voy a pedir es lo siguiente:

A) Escribe cuál es tu **SUEÑO** más **GRANDE** en la vida, qué te gustaría conseguir.

Como te he dicho, apunta alto, no te voy a decir cuál debe ser tu **SUEÑO**, pero sí te voy a decir que debe ser algo que te **ILUSIONE**, te **APASIONE**, te ponga una sonrisa en la cara, que te **MOTIVE**, que despierte en ti **EMOCIONES POSITIVAS**, **HERMOSAS**, **IMPARABLES**.

No tienes a nadie que te esté observando, solo estás tú, contigo mismo, explorando cuáles son tus **ILUSIONES**, así que **NO TE CONTENGAS**.

> **NO SEAS REALISTA... SUEÑA.**

B) Bien, ¿ya lo tienes?

Si ahora mismo no lo sabes, puedes dedicarle uno o varios días para definirlo, no pasa nada, pero no lo pospongas, si lo pospones es porque estás en la **EXCUSA** de "no lo sé, pero en cuanto lo descubra lo haré".

Como te digo, busca tu **SUEÑO**.

C) Ahora sí, ¿lo tienes?

Perfecto, ahora coge el calendario y decide un día en el que vas a comenzar a luchar por él, pero no vale decir: "!!!Mañana!!!" para rendirse dentro de 2 días.

Elige un día en el que te **COMPROMETES** a **LUCHAR** con determinación por tu **SUEÑO**.

Es normal que ahora tengas **MIEDO** e **INSEGURIDAD**, incluso **VÉRTIGO**, no te preocupes, tú **PUEDES** hacerlo, **Y YO TE VOY A AYUDAR.**

16 | Hagámonos especialistas

Muy bien, ya eres un **SOÑADOR**, ya tienes una idea en la cabeza que va a ser tu máxima **MOTIVACIÓN** a partir de ahora, pero...

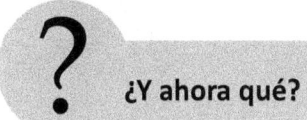
¿Y ahora qué?

Porque estoy seguro que no tienes ni idea de qué tienes que hacer para llegar a conseguir tu **SUEÑO**.

No te preocupes, es normal, si lo supieras habríamos hecho algo mal.

Como decíamos anteriormente, debes pasar por un **PROCESO** en el que pases de:

SOÑADOR – ESPECIALISTA – EMPRENDEDOR – EMPRESARIO

Y aún vamos por el primer paso, si quieres seguir avanzando en ese proceso debes interiorizar una cosa:

Vas a tener que estudiar y aprender, de TODO y de TODOS.

Porque pasar de un estado a otro requiere una serie de **HABI-LIDADES** y **CONOCIMIENTOS** variados los cuales iremos viendo a lo largo de tu **PROCESO**.

Pero una cosa tienes que asumir, te vas a convertir en una esponja, vas a absorber muchísimo conocimiento, de múltiples temas, que van a hacer que puedas, cada vez, desarrollar mayores tareas y adoptar mayores funciones y competencias, necesarias para tu evolución en el **PROCESO**.

Pero, ¿por qué?

Te lo voy a intentar explicar con un ejemplo:

Si actualmente estás trabajando para una empresa, formas parte de una gran maquinaria en la que se reparten las tareas.

Es probable que tengas un puesto de trabajo bien definido, con unas tareas claras, que un día te enseñaron y que, poco a poco, has ido controlando y perfeccionando.

En tu trabajo actual, si te cambian de departamento o te promocionan, cambiaras de rol, de funciones y necesitaras un tiempo de formación y adaptación a tu nuevo puesto de trabajo. ¿Verdad?

Lo bueno es que, en tu trabajo actual, la empresa puede que tenga un departamento de RRHH, que ha desarrollado planes de formación.

¿Esos planes de formación, cómo suelen estar estructurados?

Suele haber 2 tipos: un plan de formación de acogida, y un plan de formación continuo.

1) El plan de formación de acogida (o inducción).

Es el que se encarga, cuando una nueva persona se incorpora a la empresa, de enseñarle los conocimientos básicos que debe saber para comenzar a trabajar:
Qué hace la empresa, cómo está organizada, cuáles son los productos que comercializa, quiénes son las empresas que la forman, los valores, y otras cuestiones más técnicas como reglamento de trabajo, normativa, horarios...

2) El plan de formación continuo.

Es el que, de manera sostenida en el tiempo, se va desarrollando para formar a las personas que hay en la organización. Este plan de formación suele estar compuesto por 3 tipos de planes formativos (que se organizan desde lo más general a lo más concreto):

A) Un plan estratégico

Que tiene relación con aspectos que van a necesitar todos los miembros de la organización para conseguir los objetivos estratégicos de la compañía.
Por ejemplo, si estratégicamente una compañía decide que va a mejorar su orientación al cliente, interno y externo,

es probable que todos los miembros de la organización se formen en estos ámbitos.

B) Un plan de formación de puestos

Que va a estar adaptado a las necesidades formativas de cada puesto de trabajo.

Este va a ser más específico y va a depender de las nuevas necesidades de los puestos de trabajo, y también va a incluir los conocimientos que debe tener una persona al desempeñar un nuevo rol.

Por ejemplo, si eres vendedor y te promocionan a jefe de ventas, es probable que tu empresa tenga diseñado un plan de capacitación específico para los nuevos jefes de ventas.

Otro ejemplo es, en el caso de que las personas que atienden a los clientes vayan a utilizar un nuevo programa informático, es recomendable que la empresa forme a todas las personas que van a utilizar este nuevo programa en su uso eficiente. Fíjate que solamente se forman las personas que desempeñan ciertos puestos de trabajo, cada rol tendrá una formación específica.

C) Un plan de formación personal (planes de carrera)

Las organizaciones pueden ser más específicas e ir preparando a sus personas para asumir mayores responsabilidades, por lo que pueden definir planes específicos de formación para todos sus miembros.

Estos planes se determinarán por las competencias actuales de cada uno de ellos y las competencias futuras que se esperan que adquieran.

Por ejemplo, entras a formar parte de una empresa como vendedor y, una vez analizadas tus competencias y habilidades actuales, te diseñan un plan de formación personalizado para que adquieras las competencias necesarias para puestos de mayor responsabilidad.

Por poner un ejemplo concreto, pueden asignarte un programa de liderazgo que te ayude a desarrollar las competencias necesarias en el momento que te promocionen y tengas personas a tu cargo.

¿Se ha entendido todo el rollo que te he soltado sobre formación empresarial?

Es que a veces me sale mi rama de "profe".

Lo te quiero decir con todo esto, mi querido amigo, es que, si quieres luchar por tu SUEÑO, y quieres pasar de SOÑADOR a ESPECIALISTA vas a tener TODAS esas necesidades y muchas más, y no vas a tener un departamento de RRHH que te ayude, diseñándote planes formativos de ningún tipo ni, por supuesto, pagándolos, ni dándote días libres para que estudies.

En esto estás solo, eres el responsable de tu proceso de aprendizaje, tú lo debes diseñar, tú lo debes pagar, tú lo debes realizar, tú lo debes evaluar, para ver si te es útil... en definitiva tú vas a ser tu propio DIRECTOR DE FORMACIÓN.

A partir de ahora, te vas a dar cuenta cómo vas a ser DIRECTOR de muchas cosas, porque no tienes a nadie que lo haga, nada más que tú. (Veremos en un capítulo posterior, de una manera muy divertida, todos los tipos de DIRECTOR que vas a ser ☺).

Pero no te agobies, hay noticias buenas, y son las siguientes:

— Estamos en la era de la información, tienes toda la información necesaria para tu desarrollo a tu alcance, y a un solo *clic*.
— NO necesitas títulos, esto NO consiste en tener dos carreras más o 3 *masters*, esto consiste en aprender, por lo que no es necesario que te matricules en carísimas y prestigiosas Escuelas de Negocios.
— Por consiguiente, NO es necesario que te gastes NADA o CASI NADA de dinero.

Te pongo un ejemplo, desde que yo mismo comencé mi proceso de **CAMBIO PERSONAL**, tuve muy claro que debía formarme, y formarme, y seguir formándome.

En la actualidad ya he tomado el hábito y no paro, una parte de mi "jornada laboral" diaria está dedicada a mi **AUTOFORMACIÓN**, ya sea leyendo e-books, blogs, viendo videos, leyendo revistas, asistiendo a seminarios, conferencias...

Al principio no sabía muy bien qué era lo que tenía que aprender, (me hubiera gustado que alguien me hubiera propuesto el ejercicio que vamos a hacer al terminar este capítulo), pero lo que tenía claro es que debía **APRENDER**.

Y si echo la vista hacia atrás te puedo decir que, desde el año 2009, he aprendido, por ejemplo, de temas como:

— Comunicación Corporativa.
— Comunicación Interpersonal.
— Inteligencia Emocional.
— Coaching.
— Liderazgo.
— Marketing Digital.
— Redes Sociales.
— Ventas.
— Trabajo en Equipo.
— Cómo hablar en público.
— Escritura creativa...

Y muchos más temas que no te voy a enumerar para no aburrirte, pero si algún día te encuentras con mi compañera Sandra

Sánchez, te puede decir lo prioritario que es la AUTOFORMACIÓN en nuestro día a día.

Y te puedo asegurar que todo nuestro equipo aprende de TODO y de TODOS, hay infinito conocimiento ahí fuera, GRATIS o a un precio muy asequible.

Incluso, cuando hay temas que nos interesan y cuestan mucho dinero buscamos soluciones CREATIVAS para conseguirlos, por ejemplo, contactamos con el profesional o la empresa e intentamos llegar a un acuerdo para asistir GRATIS a talleres, a cambio de hacer lo mismo, es decir, invitarles de manera gratuita a acudir a alguno de los nuestros.

Como te decía anteriormente, EXCUSAS hay todas las que quieras poner, pero si QUIERES hacerlo, "casi" seguro que encuentras la manera (entenderás lo de "casi" en un capítulo de la parte final del libro llamado REALISMO CREATIVO).

Para ilustrarte mejor qué quiero decir con hacerte ESPECIALISTA te voy contar varias historias. Al principio del libro te dije que íbamos a ilustrar todo lo que viéramos con 4 ejemplos:

1) Ir al gimnasio.
2) Hacer el camino de Santiago.
3) Buscar trabajo.
4) Mi propia empresa.

 ¿Lo recuerdas?

Hasta ahora solo te he hablado del último, de mi propia empresa, mi propio SUEÑO, porque hemos estado trabajando todo lo que se refiere al AUTOCONOCIMIENTO, y eso es demasiado personal para saber cómo ha sido el proceso de AUTOCONOCIMIENTO de otras personas, por lo que solo me "atrevo" a hablaros de cómo fue mi CAMBIO INTERIOR.

Pero a partir de aquí, del comienzo de la elaboración del PLAN de lucha por los SUEÑOS, sí te puedo hablar de otras personas.

Todas las historias que te voy a contar son ejemplos REALES, de personas REALES, a las cuales conozco personalmente y sé cómo ha sido su proceso de PLANIFICACIÓN, DESARROLLO y EJECUCIÓN de su SUEÑO.

Así que, vamos allá, comencemos a conocer un poco mejor a nuestros amigos:

IR AL GIMNASIO

La persona de la que os voy a hablar es una mujer de Bogotá, de unos 35 años, que un día perdió su trabajo.

Esta chica empezó a buscar trabajo, echando curriculums, aplicando a ofertas, haciendo entrevistas... pero pasaba el tiempo y no conseguía empleo.

Como la situación de desempleo en la que se encontraba le angustiaba muchísimo, comenzó a hacer deporte y descubrió (acuérdate de cómo el CEREBRO nos PREMIA y acuérdate también del CONTROL EMOCIONAL), cómo el deporte le proporcionaba serenidad, equilibrio, paz y encima le encantaba.

Tan bien se llegaba a SENTIR cuando hacía deporte, que un día decidió que tenía un SUEÑO, que era

> "Vivir de lo que más le gustaba en el mundo, el deporte"

A partir de aquí tomó la decisión IRREVOCABLE de LUCHAR por su SUEÑO.

A partir de ese momento comenzó a absorber todo el conocimiento que tenía a su alcance, relativo a un estilo de vida deportivo.

Me gustaría decirte que esta mujer no había estudiado ninguna carrera universitaria relacionada con el deporte, su formación era otra pero, con más de 35 años, decidió que iba a hacer todo lo posible por vivir del deporte, y así comenzó a desarrollarse como Especialista Deportiva y Nutricional, de manera totalmente autodidacta.

Vamos a ponerle a nuestra amiga un nombre ficticio para dirigirnos a ella a partir de ahora, la podemos llamar, con tu permiso... LOLA.

CAMINO DE SANTIAGO

En este caso te voy a contar la historia de un hombre de unos 40 años que tenía su trabajo estable, un buen trabajo, bien pagado, bien considerado en él, pero que sentía que estaba dejando pasar su vida sin hacer lo que realmente le gustaba, pero...

 **¿Qué le gustaba?**

A él le gustaba el contacto con la naturaleza, hacer deporte, conocer gente, sentirse libre... y tenía una espina clavada dentro de él: siempre había querido hacer el Camino de Santiago, pero nunca lo había hecho, siempre había encontrado alguna excusa para no hacerlo.

Soy demasiado joven, soy demasiado viejo, mis hijos son demasiado pequeños, no tengo suficientes vacaciones, no estoy en forma...

 **Recuerda, siempre va a haber mil razones para NO hacer las cosas, y solo una para hacerlas, QUERER hacerlas.**

Este hombre decidió un día que quería cumplir su SUEÑO, hacer el Camino de Santiago, por lo que tomó una decisión IRREVOCABLE y comenzó a aprender y aprender todo sobre el Camino de Santiago, devoraba todo lo que caía en sus manos sobre el Camino, pero no solo su Historia, sino también lo relativo a la preparación, logística, entrenamientos, albergues, asociaciones... decidió que lo iba a aprender TODO.

De igual manera que en la anterior historia, vamos a ponerle un nombre ficticio a nuestro amigo, con tu permiso le voy a llamar PEPE.

BUSCAR TRABAJO

Por último, te voy a contar la historia de otra mujer que, al igual que LOLA, un día se quedó sin trabajo.

Esta persona no es de Bogotá, sino de Madrid, y tiene alrededor de 45 años.

En el momento que perdió su empleo su mundo se derrumbó: sin empleo, con 45 años (una edad malísima para encontrar trabajo), con una crisis enorme en España que hace que no contraten a nadie, sino que despidan, y encima con 5 millones de personas sin empleo con las que competir, el FUTURO no parecía que fuera a depararle muchas cosas buenas.

¿Te parece que llamemos a nuestra amiga CARMEN? Gracias.

Carmen decidió que iba a luchar por su SUEÑO, volver a tener un empleo, y que, a pesar de todo lo que había en contra, su SUEÑO era mucho más fuerte que todo lo demás y que ella iba a poder hacerlo realidad.

De esta manera, empezó a formarse en todo lo relativo a la búsqueda laboral, aprendió todo lo que había que hacer para buscar empleo, leyó de todo y de todos, estaba a la última en todas las tendencias, redes sociales, portales, ferias...Se convirtió en una auténtica ESPECIALISTA, no quería SENTIR que si no encontraba un empleo era porque no estaba haciendo TODO lo que estuviera en su mano.

Así comienzan nuestras 3 historias, a la que vamos a añadir la mía, que ya llevo un tiempo contándote.

A medida que vayamos avanzando en tu CAMINO, iremos descubriendo qué es lo que hicieron cada uno de ellos y cuál es su situación actual.

Sabremos qué ha significado para ellos la decisión IRREVOCABLE de luchar por sus SUEÑOS y veremos si han conseguido ALGO, TODO o NADA, y descubriremos si se han rendido el primer día, el segundo, al cabo de un año... o NUNCA.

Pero estas historias se irán desvelando a medida que avancemos en tu proceso de CAMBIO y, para eso, debes comenzar a convertirte en ESPECIALISTA, por lo que te voy a proponer el siguiente ejercicio.

Ejercicio 9

Muy bien, ya deberías, si has hecho el **Ejercicio 8,** tener un **SUEÑO**, algo de **QUIERES HACER**, y ya deberías haber decidido **CUÁNDO** vas a empezar a luchar por tu **SUEÑO**, ¿es así?

¡Enhorabuena! Ya has dado el primer y más importante paso, el resto va a ser muy sencillo, ya verás.

Hasta ahora hemos explorado tu interior, tu **PERSONALIDAD**, tus **MIEDOS**, tus **INSEGURIDADES**, tus **MOTIVACIONES**...

A partir de ahora vamos a explorar tus **CONOCIMIENTOS TÉCNICOS** y tus **HABILIDADES**.

Y para eso, nuevamente, te voy a pedir que seas muy sincero contigo mismo y hagas lo siguiente:

A) Quiero que, visualizando tu **SUEÑO**, hagas una lista de cosas que deberías **APRENDER** para llegar a conseguirlo.
Me refiero a cosas que debes incorporar a ti.
Por ejemplo, no quiero que escribas que necesitas **DINERO** (aunque es probable que lo vayas a necesitar), pero a lo mejor **SI** necesitas aprender a **CONSEGUIR DINERO** (y no me refiero robando bancos) ☺.

B) Escribe todo lo que se te ocurra que debes mejorar y aprender para conseguir tu **SUEÑO**, y cuando lo tengas seguiremos hacia su conquista.

17 | Levanta los ojos

Mi querido amigo, a partir de ahora vas a tener que levantar los ojos y observar, a **TODO** y **TODOS** los que te rodean, porque, a partir de ahora, **TODO** lo que pasa a tu alrededor puede resultarte útil.

Voy a intentar explicarme.

En el caso de que estés trabajando en una organización, formas parte de una maquinaria, eres una pieza dentro de un engranaje que tiene un rol y unas tareas determinadas, y tienes que relacionarte con otras personas que tienen otro rol dentro de la empresa: jefes, colaboradores, compañeros... ¿verdad?

Si te pregunto por cada una de las personas que trabajan en tu empresa,

> **?** ¿Me podrías decir qué es lo que hacen?
> ¿Qué tipo de trabajo tienen, sus responsabilidades, sus objetivos, con quién se relacionan...?

Conoces relativamente poco de lo que hacen, ¿cierto?

A partir de ahora, eso se acabó, debes levantar los ojos porque vas a tener que saber **TODO** lo relativo a tu **SUEÑO**, y me podrías decir...

 **¡¡¡¡ Eso es imposible !!!!**

Tranquilo, no eres un **SUPERHÉROE**, ni te voy a decir que debas serlo (aunque en el proceso de **CAMBIO** y **LUCHA** por tu **SUEÑO**, muchas veces sentirás que debes serlo para poder hacer frente a todo), pero sí que debes cambiar tu "manera de ver las cosas".

 **¿Qué te quiero decir con esto?**

Sencillamente que, a partir de ahora, debes tener una capacidad más amplia de pensamiento, porque a partir de ahora debes ser capaz de pensar de Manera **ESTRATÉGICA**, **TÁCTICA** y **OPERATIVA**. Es lo que yo llamo **TRIDENTE DE PENSAMIENTO**.

 **¿Y eso, qué significa?**

Como te decía, si estás dentro de una organización, existen una serie de puestos que designan los destinos del barco, dicen hacia dónde va la organización (este es el **NIVEL ESTRATÉGICO**), otros puestos que dicen los pasos que hay que seguir, definen las tareas y establecen objetivos que deben tener las personas encargadas de llevar el barco (**NIVEL TÁCTICO**) y otros que, simplemente, ejecutan lo que los otros han definido (**NIVEL OPERATIVO**).

Si formas parte de una organización, tendrás un puesto dentro de estos tres niveles y, probablemente, no entenderás muy bien lo que hacen los demás, o pensarás que lo hacen mal.

Si estás en un puesto **OPERATIVO**, pensarás que los de arriba viven de maravilla porque lo único que hacen es decirte lo que debes hacer, pero el único que trabajas eres tú.

Si estás en un puesto **TÁCTICO**, pensarás que estás en el peor puesto de la organización porque eres el encargado de hacer realidad los "deseos" de tus jefes, y tienes que hacerlo llevando de la mejor manera a tus personas para que hagan el trabajo.

Y si estás en el nivel **ESTRATÉGICO**, sentirás que eres el genio de la organización que tienes la visión real de hacia dónde va el barco y que todo irá bien si, simplemente, los demás hacen lo que deben.

Mi querido amigo, esto se acabó. A partir de ahora todo va a ser distinto.

Tú vas a tener que tener claro hacia dónde debe ir tu barco, qué es lo que hay que hacer para que el barco llegue hasta allí, y tú debes ser el encargado de hacer esas tareas.

 **De momento... Lo vas a hacer TODO**

Pero me puedes decir, bueno, pero ahora no hace falta tanto nivel, simplemente con hacer las cosas ya está.

¡¡¡¡¡¡¡ ERROR !!!!!!!

Cuanto más te acostumbres a manejarlo de esta manera, más fácil te resultará CRECER.

Ahora crees que lo puedes CONTROLAR todo, pero si las cosas van bien (que van a ir muy bien), deberás CRECER de una manera ordenada, manteniendo el CONTROL de tu negocio, pero DELEGANDO responsabilidades.

En el caso de que NO lo manejes así, se irá produciendo un distanciamiento de las posturas de los tres niveles, como pasa en casi todas las organizaciones del mundo, los de ARRIBA (ESTRATÉGICO) no se enteran de lo que pasa ABAJO (OPERATIVO), los de ABAJO no entienden a los de ARRIBA, y los de en MEDIO (TÁCTICO) sienten la presión de los de arriba y el desprecio de los de abajo.

Incluso, quién sabe, puede llegar un día que te echen de tu propia empresa porque te has centrado demasiado en el funcionamiento OPERATIVO y no entiendes el manejo ESTRATÉGICO.

¿Sabes de quién estoy hablando? Es una persona admirada en todo el mundo ☺

Entonces, como no nacemos aprendidos y antes de correr debemos aprender a andar, vamos a ver cómo sería eso en nuestro ejemplo de viajar de Madrid a Barcelona.

ESTRATEGIA

Llegar a Barcelona desde Madrid de una manera rápida, segura, cómoda y económica.

TÁCTICA

— Establecer un presupuesto.
Tenemos 80 euros.
— Definir una fecha.
Estará condicionada por el motivo del viaje, por ejemplo si vamos a una reunión en un día y hora determinados no es lo mismo que si vamos en vacaciones.
— Hora de llegada.
Va a influir en el medio que elijamos, si debemos estar a una hora concreta, o simplemente hay que llegar.
— Definir un medio de transporte.
Va a estar condicionado por el presupuesto, la fecha, la hora...

Por ejemplo, si no sabemos conducir, debemos descartar ir en coche.

Si no tenemos coche, debemos ver si con 80 euros podemos alquilar un coche y pagar los gastos del viaje.

Si elegimos otro medio alternativo, debemos ver la tarifa, puede que ser que el día concreto tengamos suficiente para llegar con 80 euros en AVE, en avión, en tren normal, en autobús... o en ninguno.

Debemos ver el horario de salida y de llegada y si se adapta a lo que necesitamos.

¿Puede ser que nos salga más barato ir el día anterior aunque tuviéramos que pagar un hotel por una noche?

OPERATIVA

- Planificar el viaje de acuerdo con los medios acordados.
- Comprar los billetes, alquilar el coche, reservar las habitaciones...
- Realización del viaje de acuerdo con lo planificado.
- Establecer a qué hora nos despertamos, a qué hora estamos en la estación, qué equipaje vamos a llevar (de acuerdo con las restricciones del medio)...
- Realizar el viaje y manejar los imprevistos.
- Nos dormimos, llegamos tarde a la estación, perdemos el medio de transporte, se retrasa, tenemos un percance si vamos en coche, ¿cómo lo solucionamos?

Esto, que parece que puede resultar un poco extremo si lo aplicamos a todas las tareas de nuestra vida personal, no lo es en absoluto para manejar de una manera profesional un proyecto empresarial, y os recuerdo que hemos visto que debes ir haciendo la siguiente transición:

SOÑADOR – ESPECIALISTA – EMPRENDEDOR – EMPRESARIO

En cada uno de los pasos recuerda que dijimos que ibas a tener que adquirir nuevas habilidades, tareas y responsabilidades e ir soltando otras, por lo que lo primero que debes hacer es desarrollar ese **TRIDENTE DE PENSAMIENTO**:

ESTRATÉGICO, TÁCTICO Y OPERATIVO

 Ahhhhh, ¿Y seguro que no debo ser un SUPERHÉROE?

Tengo una noticia buena. Estar solo significa que no vas a tener los **PROBLEMAS DE COMUNICACIÓN** que tienen las grandes empresas, (o las pequeñas y medianas).

Siempre que hay personas trabajando con personas existen riesgos de **COMUNICACIÓN INEFICIENTE**, (lo veremos en capítulos posteriores) y esto, de momento, a ti no te va a pasar.

Como decía mi abuela:

 "Si quieres ir rápido ve solo, si quieres llegar lejos ve acompañado"

Este es el momento de ir solo, de ir rápido, de darle forma a tu **SUEÑO** y, como veremos, poco a poco iremos uniendo a más personas a tu **SUEÑO**.

Por eso te digo que ni eres un **SUPERHÉROE**, ni lo tienes que ser, pero una de las claves de tu **ÉXITO** será **SABER CRECER**.

Por eso, en el capítulo siguiente, comenzaremos a familiarizarnos con un concepto clave para el crecimiento que se llama **APALANCAMIENTO**.

Pero antes, quiero proponerte un nuevo ejercicio para que trabajes este concepto de **TRIDENTE DE PENSAMIENTO**.

Ejercicio 10

Si recuerdas, en el ejercicio anterior partimos de un **SUEÑO** por el que **LUCHAR**.

Hiciste una lista de todo lo que debías **APRENDER** para hacer tu **SUEÑO** realidad.

Ahora vamos a dar un paso más y vamos a separar nuestro sueño en estas 3 etapas de las que hemos hablado:

> **ESTRATÉGICO – TÁCTICO – OPERATIVO**

Es decir, vamos a definir cuál es nuestro **OBJETIVO** último, cuales son los **PASOS** que tenemos que dar y **CÓMO** hacerlo.

Así que, mi querido amigo, coge tu cuaderno y vamos a empezar a definir tu **PLAN**, como lo hacíamos con nuestro viaje a Barcelona.

Para ayudarte, comparto contigo una tabla que te puede resultar de ayuda:

SUEÑO		
NIVEL ESTRATÉGICO	NIVEL TÁCTICO	NIVEL OPERATIVO

No te agobies, no pienses que este **PLAN** es algo definitivo, ni mucho menos, solo quiero que comiences a escribir cosas que crees que deberías hacer en cada uno de los niveles para llegar a tu **SUEÑO**, para que vayas entrenando tu **TRIDENTE DE PENSAMIENTO**.

(No tengas miedo a poner cuantas tonterías se te ocurran, lo que no valga lo quitaremos fácilmente, y quizá lo que te pueda parecer una tontería, no lo sea tanto) ☺.

18 Apalancamiento

Desde el comienzo del libro te estoy contando cómo conseguir tus SUEÑOS no es tan FÁCIL como nos quieren convencer. Parece que, simplemente, con frases motivadoras deberíamos encontrar la INSPIRACIÓN suficiente para hacerlo.

Sin embargo, ya hemos visto que solo con eso no es posible, es necesario ALGO MÁS, y como no sabemos encontrar ese ALGO MÁS, toda esa avalancha de frases motivadoras que recibimos, muchas veces nos pueden hacen sentir que somos poco menos que estúpidos por no LUCHAR por lo que queremos, y mucho más estúpidos por no CONSEGUIRLO.

Espero que este libro te haga entender, por lo menos, que no te debes SENTIR ASÍ, porque es muy fácil dar consejos gratuitamente, decirte que luches por lo que QUIERES y pararse ahí, sin darte ninguna HERRAMIENTA que te pueda ayudar.

Por eso, también desde el comienzo del libro, te intento explicar que es POSIBLE, pero que si QUIERES hacerlo, si lo DESEAS de verdad, vas a tener que CAMBIAR... PARA CAMBIAR EL MUNDO, es decir, tienes que cuestionarte muchas cosas que hasta ahora has visto como verdades absolutas y comenzar un auténtico proceso de APRENDIZAJE, CAMBIO y TRANSFORMACIÓN.

Desde entonces te estoy ayudando a elaborar, poco a poco y paso a paso, un PLAN para conseguir que tus SUEÑOS se puedan hacer realidad, de una manera **ORDENADA**, **ESTRUCTURADA** y que sirva como una **GUÍA** para que, a base de **ESFUERZO**, **LUCHA**, **CONSTANCIA**, **PASIÓN** e **ILUSIÓN**, puedas llegar a alcanzar esos **SUEÑOS**.

El motivo por el que estoy escribiendo este libro para ti es porque a mí, personalmente, me hubiera gustado, en ese momento en que quise **CAMBIAR** mi vida porque no me gustaba, haber tenido una ayuda, una **GUÍA** que, paso a paso, me hubiera ido ayudando a recorrer mi **CAMINO**.

Como no tenía esa **GUÍA**, tuve que ir aprendiendo por mis propios medios, y es ese proceso de **APRENDIZAJE**, todos los pasos que di, lo que intento recoger en este libro para ti.

Porque muchas veces en la vida, no nos gusta lo que hacemos y queremos hacer otras cosas, pero no sabemos ni qué es lo que queremos hacer, y muchísimo menos, cómo hacerlo.

En ningún momento pretendo que consideres mi opinión como una verdad absoluta, al contrario, solo quiero mostrarte un camino que a mí me funcionó, que tuve que descubrir yo mismo y que estoy seguro que te puede ayudar.

En el capítulo anterior te hablaba de la necesidad de que ampliaras tu manera de pensar, y de que establecieras un **TRIDENTE DE PENSAMIENTO: ESTRATÉGICO, TÁCTICO** y **OPERATIVO**.

Como ves, es una más de las herramientas que tienes que utilizar y una más de las habilidades que debes desarrollar.

Sin embargo, te he explicado que, aunque los emprendedores tienen que ser diferentes de los trabajadores normales, no son **SUPERHÉROES**, son personas de carne y hueso y no lo pueden hacer todo.

Y para solucionar el hecho de que no lo puedes hacer TODO, debes aprender algo que a mí me costó casi dos décadas entender, el concepto de APALANCAMIENTO.

¿Dos décadas?

Sí, dos décadas. Hace 20 años ya (cómo pasa el tiempo) yo estudiaba Administración y Dirección de Empresas en la Universidad y en todos los años de universidad escuché, estudié y apliqué un concepto que era el APALANCAMIENTO.

Sin embargo no fue hasta hace unos 4 años (más de 15 años después de empezar la universidad, cuando entendí lo que REALMENTE significaba).

APALANCAMIENTO significa que NO LO PUEDES HACER todo, es más ni PUEDES, ni DEBES. Por eso debes APALANCARTE, que no significa otra cosa que APOYARTE, en ALGO o en ALGUIEN, es decir, aprovechar los RECURSOS que tienes a tu alcance (físicos, económicos, humanos...).

¿Te suena la frase: "Dadme un punto de apoyo y moveré el mundo"?

Seguro que sí.

¿Qué quiere decir esto en tu VIDA REAL?

Pues que necesitas AYUDA, como ya hemos dicho anteriormente:

> "Si quieres ir rápido ve SOLO, si quieres llegar lejos... ve ACOMPAÑADO".

Pero tú me puedes decir:

> "¡Pero si no tengo DINERO para contratar gente ni para comprar cosas!"

APALANCARSE no significa contratar a treinta personas, significa APROVECHAR los RECURSOS que tienes a tu disposición de la manera más EFICIENTE posible, de tal manera que MAXIMICES el RESULTADO con el MÍNIMO ESFUERZO (que no tiene por qué ser poco).

Si vas a EMPRENDER, debes comenzar a cambiar tu mentalidad, de TRABAJADOR a EMPRESARIO.

 **¿Y cuál es la diferencia?**

Que cuando tú ves la vida como EMPRESARIO vas a analizarlo todo en términos de BENEFICIO/COSTE y solo te vas a APALANCAR en las cosas que te van a proporcionar un BENEFICIO al menor COSTE posible (y siempre que la relación sea mayor que 1, es decir que el BENEFICIO siempre supere al COSTE).

Te pongo un ejemplo, un EMPRENDEDOR/EMPRESARIO debe valorar mucho su TIEMPO, porque para él va a ser un RECURSO escaso y va a maximizar la manera en que lo utiliza, siempre intentando de una manera lo más productiva posible.

El emprendedor se va a APALANCAR en su TIEMPO.

Un emprendedor se va a APALANCAR también en el CONOCIMIENTO, porque le va a ayudar a conseguir sus objetivos, pero...

¿Qué criterios va a elegir un emprendedor para elegir lo que quiere aprender?
BENEFICIO/COSTE

Y en el COSTE no solo va a estar el DINERO que cuesta, recuerda que hemos dicho que el TIEMPO es un RECURSO muy importante para un EMPRENDEDOR, por lo que un curso de formación gratuito que me hace invertir TIEMPO y que no me aporta el suficiente BENEFICIO, puede que no sea una inversión rentable.

Lo que te quiero hacer entender es que ya no SOLO vas a mirar el DINERO, hay muchas más maneras para decidir si algo te BENEFICIA más de lo que te CUESTA (aunque sea GRATIS).

Por ejemplo, dar una charla GRATUITA ante potenciales clientes puede ser una buena INVERSIÓN, ya que estás invirtiendo tu tiempo en conseguir una buena imagen y darte a conocer ante un público que te interesa que te vea en acción y entienda la calidad de tu trabajo.

Cuando cambies tu mente hacia la de EMPRENDEDOR debes valorar si esa u otras PALANCAS que puedas utilizar, son RENTABLES PARA TÍ.

 ¿Y por qué digo para TI?

Porque lo que para otras personas es rentable, puede que para ti no lo sea, y viceversa. Lo que sí que tienes que tener claro es que, para ser EMPRENDEDOR vas a tener que aprender a INVERTIR, y NO te estoy hablando de INVERTIR EN BOLSA.

Como decía mi abuela:

 "A veces hay que saber PERDER para GANAR"

Y eso no es otra cosa que: Hay que INVERTIR para obtener un BENEFICIO, es decir hay que APALANCARSE.

> ¿En qué cosas nos podemos APALANCAR?

DINERO

Debemos usar nuestro DINERO de manera que nos dé más rendimiento de lo que nos cuesta obtenerlo.

La clave de nuestro éxito va a ser que nos APALANQUEMOS en el dinero de manera que sirva para obtener un beneficio, si no lo conseguimos, lo estamos haciendo mal.

CONOCIMIENTO

Debemos valorar si nos interesa aprender cosas e invertir nuestro TIEMPO (que como hemos dicho vale DINERO, porque es un bien escaso).

La respuesta no es si debemos invertir TIEMPO y RECURSOS en formarnos, sino qué es lo que necesitamos aprender, y cuánto tiempo y dinero debemos invertir.

Yo soy un defensor de la formación de las personas, del desarrollo y del aprendizaje continuo.

Sin embargo, soy muy consciente de que NO se puede tener TODO el conocimiento del universo en la cabeza, ni se puede ni se debe.

Recordad que hablábamos de cómo los departamentos de RRHH de las organizaciones debían decidir qué debía aprender cada miembro de la organización.

Pues tú debes hacer lo mismo, decidir en qué te debes formar y, para ayudarte a descubrirlo, a partir del próximo capítulo vamos a ver aspectos en los que, en mi opinión, deberíamos invertir TIEMPO (lo del dinero ya lo valorará cada uno) en aprender.

Para que lo entiendas un poco mejor, te voy a poner un ejemplo de cómo no es necesario (ni útil) que lo aprendas todo.

En mi proceso de lucha por mi SUEÑO, una de las cosas que decidí que tenía que hacer era mi propia página web, la podéis ver en www.nash-humanes.com.

Por si no lo has deducido aún, te informo que yo no he tenido nunca ni idea de cómo hacer una página web, ni diseñarla, ni de las partes que tiene ni... nada.

 ¿Qué es lo que pasó?

Me tuve que APALANCAR. Tenía la opción de APALANCARME en conocimiento, es decir, aprender a programar, diseñar... una página web o APALANCARME en un especialista, que la hiciera y pagarle sus servicios.

El coste de aprender a hacer, diseñar, desarrollar y ejecutar una página web era mucho mayor que el coste de SUBCONTRATAR a alguien que lo hiciera, por lo que opté por la segunda opción.

 ¿Cuál fue el problema de esto?

Que las personas que hacen páginas web suelen ser especialistas, pero no adivinas, y tampoco suelen ser capaces de leer el pensamiento, por lo que, cuando tuvimos las primeras reuniones para definir lo que **EL CLIENTE** (es decir yo) quería, comenzaron los problemas, porque el **ESPECIALISTA** y yo hablábamos distintos idiomas (en lo que al diseño de páginas web se refiere).

Además existía otro problema añadido, no tenía "demasiado" dinero para hacer la página, y cuando digo que no tenía "demasiado" es que, no podía pagar ni la oferta más baja que encontré.

> **¿Y cuál fue la solución?**

Aquí me di cuenta que debía **APALANCARME**, en primer lugar en **CONOCIMIENTO** para poder decidir qué era lo que quería y necesitaba (porque con decir al **ESPECIALISTA**: "quiero una página bonita, informal y distinta de lo que tienen otros" no era suficiente).

Por otro lado debía buscar otra **PALANCA**, necesitaba un especialista excelente y no tenía dinero para pagar ninguno.

Lo primero que hice fue prepararme en Marketing Digital, estudié técnicas de Inbound Marketing, me familiaricé con conceptos como *Leads*, formularios, *call to action*...

Estudié lo que estaban haciendo otras empresas con sus webs, vi lo que me gustaba y lo que no me gustaba, dibujé una estructura de lo que quería que apareciera en cada una de las pantallas, escribí el guion del contenido y, con mis papelitos, y sin dinero me fui a buscar a un **ESPECIALISTA**.

Yo ya sabía quién quería que me hiciera mi página web, había examinado su trabajo, la conocía personalmente y sabía que nos entenderíamos, por lo que la llamé por teléfono para reunirnos para almorzar y poder plantearle mi OFERTA.

¿Cúal fue mi oferta?

Gracias a todo el conocimiento que había adquirido pude, en su idioma, decirle todo lo que quería, ella me entendió y me dijo que PODÍA HACERLO.

Pero aquí venía el problema, no tenía dinero para pagarle, por lo que le planteé lo siguiente:

> "Quiero hacer la página web y confío en que vas a hacer lo que me imagino en mi cabeza, de una manera excelente. Sin embargo, no tengo dinero para pagarte, por lo que, en vez de eso, me gustaría pagarte dándote una participación en el paquete accionarial de la empresa".

Ella se quedó sorprendida y me preguntó:

¡Cómo! ¿Que yo hago la página web y tú me das una participación en la empresa?

Efectivamente, le planteé que fuéramos socios, y no solo que hiciera la página web, sino que me ayudara con todo el Marketing Digital.

Y en ese momento dijo que sí, aceptó sin pensárselo ni un momento y así fue cómo surgió nuestra página web y nuestro departamento de Marketing Digital.

Lo que quiero explicarte es que NO TODO ES DINERO. Tenemos muchos RECURSOS a nuestro alcance que podemos utilizar.

Y por otro lado, debemos evaluar muy bien en qué debemos APALANCARNOS, es decir APOYARNOS, para intentar no hacer INVERSIONES fallidas (en las que perdamos RECURSOS).

Y no pienses que es tan difícil, APALANCARSE no es otra cosa que SUBCONTRATAR, es decir, conseguir que OTROS trabajen para nosotros, y cuando digo **OTROS** no solo me refiero a personas, que tus **RECURSOS** trabajen para ti.

Para que veas que toda tu vida se basa en **APALANCAMIENTOS**, y que a lo mejor no estás siendo consciente, te voy a poner varios ejemplos:

- No educamos a nuestros hijos, nos **APALANCAMOS** en colegios, universidades que lo hacen.
- No curamos nuestras heridas, nos **APALANCAMOS** en profesionales, hospitales que lo hacen.
- En nuestro ocio, decidimos si nos entretenemos solos o nos **APALANCAMOS** en el cine, un libro, la televisión, un concierto, un partido de fútbol, una discoteca...
- Nosotros decidimos si comemos en casa o nos **APALANCAMOS** en alguien que nos haga la comida en un restaurante.
- Decidimos si aprendemos solos en **INTERNET** (**INTERNET** también es una **PALANCA**) o acudiendo a seminarios, cursos.
- Podemos comprar un apartamento ahorrando todo el dinero, a **APALANCARNOS** en un banco que nos lo preste.
- Si tenemos que cambiar el aceite al coche, decidimos si **APALANCARNOS** en el taller o llamamos al cuñado para que nos ayude a hacerlo el domingo en la mañana (en el primer caso nos cuesta **DINERO**, en el segundo nos cuesta **TIEMPO** de ocio, de estar con nuestra familia y aguantar a nuestro cuñado, es nuestra decisión).

Nuestra vida está llena de PALANCAS, de APOYOS, que nos ayudan a hacer las cosas, unas nos suponen DINERO y otras nos suponen TIEMPO.

Lo que pasa es que las PALANCAS que necesita un EMPRENDEDOR, un EMPRESARIO, alguien que lucha por sus SUEÑOS son distintas de las PALANCAS que utiliza una persona normal.

Me gustaría, antes de continuar, hacerte una pregunta:

 ¿Con el DINERO que tienes, qué COMPRAS?

Seguramente habrás pensado en COSAS, BIENES o SERVICIOS, ¿verdad?

Me gustaría que vieras el DINERO de otra manera, puesto que lo que el DINERO compra NO son BIENES o SERVICIOS, sino TIEMPO.

 ¿TIEMPO?

Sí, cuando tú pagas por ALGO, realmente no estás pagando por lo que COMPRAS, el BIEN o el SERVICIO, sino por el TIEMPO que esa persona o empresa ha dedicado para poner ese BIEN o SERVICIO a tu disposición.

Así pues, a partir de ahora, si quieres luchar por tus SUEÑOS, debes analizar SIEMPRE el COSTE de tus PALANCAS, y valorar, en primer lugar, si te va a proporcionar un BENEFICIO mayor que el COSTE que implica, y en segundo lugar, si es más eficiente hacerlo tú o COMPRAR el TIEMPO para que lo haga otra persona o empresa.

Fíjate que, incluso cuando pides DINERO, lo que estás haciendo es comprar TIEMPO, el TIEMPO que tardarías en ahorrar ese DINERO.

Vamos a verlo todo con un ejemplo REAL, esto que te voy a contar me ha pasado en realidad:

LAS GALLINAS

Imagínate que tienes un SUEÑO, que es tener una pequeña granjita de gallinas ponedoras para vender sus huevos.

Tenemos un terrenito en el pueblo que nos han dejado de herencia y con unos cuantos ahorros hemos construido un gallinero y comprado 200 gallinas.

Todos los días al salir de trabajar vamos a darle de comer a las gallinas, limpiarlas, recoger los huevos, y a la vuelta vamos a las casas de los vecinos y les vendemos los huevos.

Ya tenemos nuestro SUEÑO en marcha, ha sido fácil porque teníamos los RECURSOS para comenzar (el terreno y el DINERO para fabricar el gallinero, equiparlo y comprar las gallinas).

Al cabo de dos años, tus gallinas han dejado de poner y tienes que comprar nuevamente gallinas, por lo que te preguntas...

 ¿Y si quisiera crecer, podría hacerlo?

La respuesta es la siguiente:

Para crecer debemos APALANCARNOS, porque ya no tenemos más ahorritos, y nosotros solos podemos cuidar 200 gallinas por las tardes y vender los huevitos al volver a casa, pero no podemos hacerlo para un volumen mayor.

Entonces, como para CRECER no nos queda más remedio que APALANCARNOS, es decir APOYARNOS, es decir, COMPRAR TIEMPO, debemos ver si podemos tener PALANCAS positivas, es decir, si podemos apoyarnos en algo que:

> Nos genere más INGRESOS que lo que nos CUESTE, es decir, nos aporte un BENEFICIO.

Hagamos entonces un estudio ECONÓMICO/FINANCIERO para ver si pudiéramos tener esas PALANCAS POSITIVAS:

— Imaginemos que cada gallina nos cuesta 12€.

— Para que el ejemplo sea más sencillo, supongamos que las gallinas no tienen VALOR RESIDUAL, es decir, que cuando está viejita y deja de poner huevos, NO la podemos vender.

— Imaginemos que cada gallina tiene una vida útil (mientras pone huevos) de 24 meses.

— Estarás de acuerdo conmigo que el coste mensual de cada gallina es de 0,5€ (Coste / Vida útil).

$$12 \div 24 = 0'5$$

— Ahora debemos saber cuánto come una gallina, preguntando nos dicen que 50 gramos al día de pienso, por lo que al mes come 1,5kg de pienso.

$$50 \times 30 = 1500$$

— ¿Y cuánto cuesta el pienso? Nos dicen que un saco de 50 kilos cuesta 10€.

— Entonces el kilo nos cuesta 0,2€.

$$10 \div 50 = 0'2$$

— Como una gallina come 1'5 kilos al mes, nos cuesta alimentarla 0'3€ al mes.

$$0'2 \times 1'5 = 0'3$$

— Por lo que el coste mensual de cada gallina incluyendo la comida es de 0'8€ al mes.

$$0'5 + 0'3 = 0'8$$

— Para no complicarlo demasiado esto sería si no se nos muere ninguna, trabajamos solo nosotros y el gallinero lo tenemos pagado.

— Ahora debemos analizar cuánto dinero genera cada gallina, para ver si es rentable **EMPRESARIALMENTE** tener gallinas o solo es un **HOBBIE** en el que gastar nuestro tiempo y nuestro dinero para no aburrirnos.

— Supongamos que cada gallina pone 25 huevos al mes.

— Supongamos que vendemos cada huevo a 0'05€.

— Cada gallina nos genera unos INGRESOS de 1'25€ al mes.

$$25 \times 0{,}05 = 1'25$$

— Suponemos que los huevos los vendemos nosotros (no hay gastos de comercialización).

— Cada gallina nos genera 0,45€ al mes de beneficio neto, los 1'25€ de ingresos menos los 0'8€ de gastos.

$$1'25 - 0'8 = 0'45$$

— Al año serían 5,40€ por gallina.

$$0'45 \times 12 = 5{,}40$$

— Si recuerdas, cada gallina requería una inversión de 12€ y nos genera 5'4€ de **BENEFICIO**, por lo que la **RENTABILIDAD** anual sería del 45%.

$$5'4 \div 12 = 0{,}45 \ (45\%)$$

 **No está nada mal... ¿verdad?**

Pero en el ejemplo que hemos puesto, TODO lo hacemos NOSOTROS, hemos puesto el DINERO, cuidamos a las gallinas, y vendemos los huevos, es decir, INVERTIMOS nuestro TIEMPO.

Muy bien, pues vamos a pensar desde el punto de vista EMPRESARIAL cómo aprovechar las PALANCAS para CRECER y COMPRAR TIEMPO, ya que no podemos hacerlo TODO para un volumen superior a 200 gallinas, no somos SUPERHÉROES, no tenemos TIEMPO, por lo que debemos COMPRAR TIEMPO, y lo más importante, ver si es RENTABLE.

Muy bien, pues veamos, en este ejemplo,

 **¿Qué PALANCAS podríamos tener?**

La respuesta es MUCHAS, pero vamos a considerar, al principio solo 3.

— Alguien que trabajara en la granja en vez de nosotros.
— Alguien que vendiera los huevos en vez de nosotros.
— Alguien que nos prestase dinero para comprar más gallinas.

En definitiva, TIEMPO:

— Alguien que nos VENDA su TIEMPO para trabajar en la granja.
— Alguien que nos VENDA su TIEMPO para comercializar los huevos.
— Alguien que nos VENDA el TIEMPO que ha tardado en ahorrar el DINERO.

Lo más curioso es que nos han intentado convencer que el TRABAJO nos hará RICOS, y realmente es el APALANCAMIENTO el que nos puede hacer MILLONARIOS. Veamos cómo:

— Vamos al banco a hablar con la persona que concede los préstamos y le decimos que queremos dinero para comprar más gallinas.
— Como hemos hecho la tarea le presentamos nuestro análisis ECONÓMICO / FINANCIERO y le demostramos que tenemos una rentabilidad del 45%.
— Por lo que le planteamos que nos preste dinero para comprar más gallinas.
— Y nos hace las siguientes preguntas:

> ¿Cuántas gallinas vas a comprar?
> ¿Cuánto dinero quieres?
> ¿Vas a contratar gente o lo vas a seguir haciendo todo tú solo?

Pues... no lo sabemos muy bien porque sabemos OPERATIVAMENTE cómo manejar la granja de gallinas, pero nos falta el PLAN ESTRATÉGICO y TÁCTICO, es decir decidir CUÁNTO vamos a crecer y CÓMO lo vamos a hacer.

¿Recuerdas el TRIDENTE DE PENSAMIENTO?

Así que nos vamos para casa a seguir pensando, pero antes le preguntamos:

¿Cuánto nos costaría pedir un préstamo?
Y nos dice que un 5% anual.

Bueno, nos vamos a casa, con mucha información. En primer lugar, ya sabemos cuánto cuesta la PALANCA del dinero, y en segundo lugar, sabemos que debemos levantar la vista del gallinero y pensar de manera TÁCTICA y ESTRATÉGICA, es decir, decidir CUÁNTO VAMOS A CRECER y CÓMO. Para ello:

— Empezamos a sondear el mercado laboral de los cuidadores de gallinas.
Vemos que una persona que cuide a las gallinas, las dé comida y bebida, recoja los huevos, limpie... es decir, haga el trabajo de la granja, cuesta (con cotizaciones sociales incluidas) 1.000€ al mes y nos puede gestionar 10.000 gallinas.

Por lo que, si contratamos a una persona maximizaríamos su **TIEMPO** comprando 10.000 gallinas, y el coste unitario mensual se incrementaría en 0'1€ por gallina.

$$10.000 \div 1.000 = 0'1$$

— De igual manera analizamos cual es la mejor manera de vender los huevos.

Finalmente llegamos al acuerdo con una empresa de distribución que nos va a cobrar 0,005€ por huevo que nos venda (sin máximo ni mínimo, solo va a cobrar por huevo vendido), por lo que al mes, como cada gallina pone 25 huevos, el coste unitario por gallina se incrementaría en 0'125€ por gallina.

$$0'005 \times 25 = 0'125$$

Entonces, echemos cuentas nuevamente:

— El coste mensual por gallina era de 0'8€.
— Ahora le sumamos 0'1€ de producción y 0'125€ de comercialización. El coste mensual sería de 1'025€.

$$0'8 + 0'1 + 0'125 = 1'025$$

— Cada gallina nos genera 1,25€.
— Ahora el beneficio mensual por gallina es de 0'225€.

$$1'25 - 1'025 = 0{,}225$$

— Por 12 meses: 2,7€.

$$0'225 \times 12 = 2'7$$

— Si recuerdas, la inversión por gallina es de 12€, por lo que nos da un rendimiento del 22,5%.

$$2'7 \div 12 = 0'225 \ (22{,}5\%)$$

— Si la **PALANCA** financiera nos cuesta el 5%, el rendimiento de la inversión sería del 17,5%.

$$22'5 - 5 = 17'5$$

— Lo último que nos queda saber es qué capacidad tiene nuestro gallinero.
— Vamos a un veterinario y nos dice que en ese gallinero podemos meter hasta 20.000 gallinas.
— Con toda esta información vamos al banco y le pedimos dinero para comprar gallinas y le respondemos a todas las preguntas:

?
Vamos a comprar 20.000 gallinas.
Necesitamos que nos prestes 240.000€
Vamos a contratar 2 personas y vamos a subcontratar la comercialización de los huevos.

Le presentamos todo nuestro Plan de Negocio y le decimos además que de ese 17´5% de rentabilidad, la mitad se van a reservar para, en el plazo de 2 años generar liquidez para construir más gallineros, pedirle más dinero y seguir creciendo.

Ahora sí, tenemos un planteamiento con un **TRIDENTE DE PENSAMIENTO**:

— Sabemos lo que queremos.
— Sabemos cómo lo queremos hacer.
— Sabemos cómo hacerlo.

Y a partir de ahora, cuantas más gallinas tengamos, más dinero ganaremos, las **PALANCAS** nos generarán más **INGRESOS** que **COSTES**, por lo que nos **BENEFICIA**.

Te hago un pequeño resumen de lo que hemos hecho:

Al crecer hemos **COMPRADO TIEMPO**, hemos visto que, teniendo personas que hagan las cosas por nosotros, ganamos más dinero.

Nos hemos **APALANCADO** en trabajadores, en bancos para que nos presten dinero y en empresas que nos presten servicios.

Pero lo más importante es que hemos cambiado nuestra manera de pensar y hemos aplicado nuestro **TRIDENTE DE PENSAMIENTO: ESTRATÉGICO, TÁCTICO Y OPERATIVO**.

Este es un ejemplo muy sencillo y **REAL** de cómo el **APALANCAMIENTO** te puede hacer crecer y, a partir de ahora, vamos a seguir trabajando en las **HABILIDADES** y **COMPETENCIAS** que debes desarrollar para conseguir que tus **SUEÑOS** se hagan realidad.

Pero antes, hagamos un nuevo ejercicio.

Ejercicio 11

En el ejercicio anterior comenzaste a hacer tu **PLAN** para conseguir tus **SUEÑOS**. Como te dije, debías empezar a escribir aspectos a tener en cuenta y dividirlos en:

> **ESTRATÉGICO – TÁCTICO – OPERATIVO**

Seguramente, si vuelves a mirarlo ahora te gustaría cambiar cosas, ¿Verdad?
No te preocupes, cambia lo que quieras ahora, yo te espero.

> **¿Ya lo tienes definitivo, más o menos?**
> **(No dudes que lo cambiaremos muchas más veces)**

Perfecto, ahora quiero que analices **TODO** lo que has dicho que tienes que hacer para llegar a tu **SUEÑO**, y quiero que escribas las **PALANCAS** que crees que tienes que utilizar en cada momento para conseguirlo.

En nuestro ejemplo pusimos 3 tipos de **PALANCAS**, financiera, laboral y de servicios, pero puedes escribir muchas más, todas las que se te ocurran, no temas poner tonterías, seguro que no lo son.

19 | Foco

Ya hemos hecho una primera aproximación a lo que es una PALANCA y cómo debes utilizar todos los RECURSOS que tienes a tu alcance para conseguir tu objetivo, tu SUEÑO.

Recuerda que debes APALANCARTE en todo lo que consideres que te puede aportar un BENEFICIO en la conquista de tu sueño, ya que, como hemos dicho, no lo puedes hacer todo tú mismo, no eres un SUPERHÉROE.

Recuerda que, cuando definiste cual era tu SUEÑO, te dije que, a partir de este momento, tenías que tener presente SIEMPRE ese SUEÑO/OBJETIVO en tu cabeza y que en todas las decisiones que tomaras a partir de ese momento, deberías tener presente si te acercan o alejan de ese SUEÑO.

Debes ENFOCARTE en tu OBJETIVO y tu SUEÑO, al principio necesitarás un tiempo de adaptación, pero si eres constante, conseguirás poner todo tu FOCO en ese objetivo y verás OPORTUNIDADES continuamente pasar por delante de ti, solo deberás decidir si las tomas o no, si son una PALANCA o no para la consecución de ese OBJETIVO.

Voy a ponerte un ejemplo de lo que es estar ENFOCADO.

Tu cerebro recibe continuamente estímulos del exterior, estímulos que, automáticamente decide si les presta atención o no porque a tu cerebro no le gusta malgastar energía, y eso hace que no preste atención a todo.

Esto es de lo que se aprovechan los buenos magos para "engañarte", consiguen desviar tu atención haciendo que estés pendiente de otra cosa lejos del lugar donde ellos están haciendo el "truco".

Nuevamente, conocer un poco más tu cerebro va a ayudarte para que, de manera consciente, le digas a tu cerebro en qué debe estar ENFOCADO.

 ¿No te ha pasado que algo que nunca te había llamado la atención, de repente lo tienes presente continuamente y lo ves por todas partes?

Un ejemplo muy fácil es cuando vas a tener tu primer bebé. Antes de eso, no le prestas atención a todo lo relativo con bebés, pero en el momento que una pareja se queda "embarazada", de repente solo ven mujeres embarazadas, cositas de bebés, anuncios relativos a bebés...

A mí me pasó cuando nacieron mis mellizas, desde ese momento comencé a ver gemelos y mellizos por todos los sitios, cosas que antes habían pasado por delante de mí, pero que, al no prestarles atención, no las había percibido, porque mi FOCO eran otras cosas.

Si consigues poner tu FOCO en tu SUEÑO, además de acercarte a tu SUEÑO, desarrollarás ese TRIDENTE DE PENSAMIENTO del que hemos hablado, ya que solo tú sabrás si una decisión que tomas, a pesar de que no se vea muy claro cómo te puede beneficiar en el corto plazo, puede hacerlo a la larga.

Nuevamente voy a intentar explicártelo mejor con mi ejemplo.

Como ya te he contado, desde el año 2009 me fijé como objetivo ayudar a las personas.

Desde entonces, he hecho muchas cosas pensando en el largo plazo, he escrito gratuitamente en blogs de otras personas, he sido mentor de manera gratuita, he dado charlas de manera gratuita... en definitiva, he realizado muchas acciones por las que NO he recibido remuneración monetaria.

Sin embargo estaba seguro que me iban a beneficiar en el medio-largo plazo, ya sea para coger experiencia, aprendizaje, relacionarme con otros profesionales, adquirir prestigio...en definitiva no miré solo el componente monetario de las acciones, sino que valoraba si me acercaban o me alejaban del objetivo.

Estaba **INVIRTIENDO** mi **TIEMPO**, en ningún momento hice nada pensando que estaba **PERDIENDO** el **TIEMPO**.

Y según ese criterio, he comenzado muchas cosas que creía que me beneficiarían, pero era consciente de que, a medida que las hacía, debía valorar si, efectivamente, me estaba acercando a mi objetivo o si, por el contrario, me estaban alejando de él y me estaban haciendo **PERDER** mi **TIEMPO** y mi **FOCO**.

Porque yo podía tener una idea "a priori", pero luego debía hacer seguimiento para comprobar si mi pensamiento era cierto o no, si había acertado o no en mi decisión.

Según este planteamiento, al valorar su utilidad, he seguido haciendo lo que he considerado que me aportaba en la consecución de mi **SUEÑO** y, sin embargo, lo que creía que no me estaba aportando nada, lo dejé de hacer.

Incluso hubo cosas que me resultaron útiles por un tiempo, pero que luego ya no lo fueron, por lo que tuve que tomar la decisión de dejar de hacerlas y buscar otras en las que **INVERTIR** mi **TIEMPO**.

Lo que quiero hacerte ver es que lo **PEOR** que puedes hacer es **NO HACER NADA**, ya que estarás tirando tu **TIEMPO** a la basura, y ya hemos visto que tu **TIEMPO** es tu principal recurso y cómo debes estar dispuesto a **INVERTIR** de manera **PROFESIONAL** en comprar **TIEMPO**.

Por lo tanto, te animo a que intentes y comiences todo lo que creas que te puede ayudar a conseguir tu objetivo, establece un tiempo para valorar los resultados y, si no te han aportado o ya no te aportan, deja de hacerlo, da las gracias y sigue tu camino.

Pero siempre, pase lo que pase, no te arrepientas de haber hecho cosas, aunque hayas visto posteriormente que no te han aportado, en vez de lamentarte, analiza lo sucedido, aprende de **TODO** y de **TODOS** y, lo más importante, valora esa experiencia y ese aprendizaje.

20 | Formación Específica

Si recuerdas, cuando hablábamos de **APALANCAMIENTO**, una de las principales **PALANCAS** que tienes es el aprendizaje.

Por eso, si recordamos como debe ser tu proceso de **EVOLUCIÓN**:

SOÑADOR – ESPECIALISTA – EMPRENDEDOR – EMPRESARIO

Nos damos cuenta que aún estamos en tu primer cambio, para que pases de **SOÑADOR** a **ESPECIALISTA**, y es en esta transición donde tienes que intentarlo todo para convertirte en la persona que más sepa de eso que quieres que sea tu **SUEÑO**.

Para ello debes utilizar la **PALANCA** de la formación y el aprendizaje, pero de la Formación Específica que es toda la que está relacionada directamente con tu **SUEÑO**.

Para ayudarte a entenderlo un poco mejor, vamos a ver qué hicieron nuestros tres amigos: **LOLA**, **PEPE** y **CARMEN**.

¿Los recuerdas?

LOLA

Ella quería vivir de lo que más le gustaba, el deporte.

Sin embargo, ella no había ido a la universidad, ni había estudiado nada relacionado con el deporte.

 **¿Qué fue lo que hizo?**

Un día decidió que eso debía cambiar y en vez de tomarse el deporte como una afición o un "hobbie", se lo comenzó a tomar completamente en serio, orientó su vida y sus decisiones a eso que ella quería, el deporte.

Puso su **FOCO** en todo lo que tenía que ver con el deporte, por lo que, además de ir todos los días al gimnasio, salir a correr y hacer más deporte del que hacía habitualmente, comenzó a leer sobre medicina deportiva, fisioterapia, osteopatía, nutrición, equilibrio emocional, endocrinología...

Se hizo una experta en todos los beneficios que un estilo de vida saludable y deportivo podía aportar a una persona.

PEPE

Nuestro amigo decidió que quería hacer el Camino de Santiago, pero sabía que no podía hacerlo así sin más, debía prepararse, leer e informarse todo lo que pudiera antes de lanzarse a su aventura.

 **¿Qué fue lo que PEPE hizo?**

Buscó por internet todo lo relativo al Camino de Santiago, leyó libros, contactó con grupos de personas que lo habían hecho, se informó por muchas y variadas fuentes y se fue a cumplir su SUEÑO, hacer el Camino de Santiago.

Su experiencia fue tan maravillosa que no quiso quedarse ahí, así que comenzó a estudiar más, a explorar más, sobre la historia del camino, de los sitios que recorría, su gente, su cultura, su gastronomía...

Además, al hacer el Camino de Santiago, descubrió los beneficios que le aportó a su vida personal y profesional, ya que en esos días tuvo oportunidad de desconectar de la rutina, de sus problemas y también pudo centrarse completamente en él y encontrarse a sí mismo.

CARMEN

Ante su nueva situación de estar desempleada podía haberse quedado parada, sin hacer nada, protestando por su nueva situación, buscando las causas y los culpables y responsabilizándoles de los problemas que iba a tener a partir de ese momento.

Sin embargo, en vez de hacerlo y rendirse antes de haber empezado a buscar trabajo, decidió que ella iba a ser la persona de España que más supiera de búsqueda de empleo.

 **¿Por qué?**

Porque ella quería sentir que cada día que pasara sin encontrar un empleo, iba a ser por factores externos que escapaban de su control, pero no porque ella no estuviera haciendo **TODO** lo que estuviera en su mano, lo fácil, lo difícil, lo imposible, lo que no se había intentado nunca... y así lo hizo.

Nuestros tres amigos se **APALANCARON** en el **CONOCIMIENTO ESPECÍFICO** necesario para conseguir su **SUEÑO**.

Después de dar el primer paso, convertirse en **SOÑADORES**, hicieron la primera transición, se convirtieron en **ESPECIALISTAS**, pero no se quedaron ahí, porque siguieron avanzando en su proceso de **CAMBIO**, **EVOLUCIÓN** y **TRANSFORMACIÓN**.

Pero eso lo seguiremos viendo a medida que vayamos trabajando en tu propio **CAMBIO**, **EVOLUCIÓN** y **TRANSFORMACIÓN PERSONAL**.

Entonces, antes de continuar, te voy a proponer que hagas un nuevo ejercicio.

Ejercicio 12

Vamos a ir afinando nuestra puntería.

Si recuerdas el **Ejercicio 9** (coge tus apuntes y revísalo) te pedía que enumeraras las cosas que debías incorporar a tu persona para la consecución de tu **SUEÑO**, es decir todos los **CONOCIMIENTOS** y **HABILIDADES** que creías que debías tener y aún no tienes.

Muy bien, pues vamos a concretar un poco más, para ello te voy a pedir lo siguiente:

Me gustaría que escribieras todos los **CONOCIMIENTOS ESPECÍFICOS** que debes obtener (leyendo, estudiando, haciendo, experimentando...) para conseguir pasar del primer estado al segundo, es decir de **SOÑADOR** a **ESPECIALISTA**.

Deja volar tu imaginación y tu mente y escríbelo, si tienes dudas sobre si alguno de los conocimientos es **ESPECÍFICO** o no, escríbelo, ya tendremos tiempo de borrarlo más adelante, no te preocupes.

21 Intensidad

Estamos viendo cómo, después de tener claro cuál es tu SUEÑO, debes comenzar a construir tu PLAN.

Hemos visto también cómo para poder construir un PLAN que te lleve al ÉXITO, a conseguir tu SUEÑO, debes cambiar tu manera de pensar, debes desarrollar lo que hemos llamado TRIDENTE DE PENSAMIENTO y debes ENFOCARTE.

Recuerda que ENFOCARTE no es otra cosa que poner el FOCO de tu atención en tu OBJETIVO, para que todas las decisiones que tomes lo hagas desde un punto de vista crítico, analizando si te van a acercar o te van a alejar de la consecución de tu SUEÑO.

Pero no pienses que esto quiere decir que te vuelva una persona obsesiva/ compulsiva y que no tengas más vida que tu SUEÑO, todo lo contrario, eso no es sano, y no te lo recomiendo.

Si lo haces de esa manera, si tu vida se centra solamente en tu OBJETIVO estarás teniendo un pensamiento OPERATIVO, estarás centrado solamente en el día a día, por lo que para tener ese TRIDENTE DE PENSAMIENTO debes levantar los ojos y encontrar el EQUILIBRIO en tu vida.

Si recuerdas, cuando hablábamos del CONTROL EMOCIONAL nos referíamos a la importancia de encontrar ese EQUILIBRIO en tu vida y de llenarla de cosas que te beneficiaran desde un punto de vista EMOCIONAL, que te dieran ESTABILIDAD.

Si te centras solamente en luchar por tu SUEÑO, te aseguro que dejarás descuidadas otras muchas facetas de tu vida y eso provocará, en primer lugar, que no lo consigas, y en segundo lugar un coste vital excesivamente alto.

Entonces, ¿cómo lo hago?
¿Me estás diciendo que me debo ENFOCAR y que debo evaluar todo lo que haga para ver si me acerca o aleja de mi SUEÑO, pero a la vez me dices que no me OBSESIONE ni me dedique en exclusiva?

Efectivamente, y para conseguirlo debes trabajar de una manera EFICIENTE, recuerda que el TIEMPO es tu RECURSO más importante y escaso, por lo que debes incorporar a tu vida otro concepto complementario al FOCO, y este concepto es la INTENSIDAD.

¿Y a qué nos referimos con INTENSIDAD?

Estoy seguro que si reflexionas un poco sobre el tiempo que pasas trabajando cada día, y eres sincero, estarás de acuerdo conmigo que no trabajas 8, 10 o las horas que dediques cada día a tu trabajo, a pleno rendimiento, al 100% de tu capacidad, es IMPOSIBLE mantener una atención plena en una tarea durante 8 horas al día.

A partir de ahora, vamos a cambiar el paradigma de trabajo, y vamos a cambiar el concepto de CANTIDAD por el concepto de CALIDAD, y aquí es donde interviene la INTENSIDAD.

Si quieres luchar por tu SUEÑO, ya no vas a tener que CUMPLIR con un horario de trabajo, a partir de ahora vas a tener que APROVECHAR tu TIEMPO, e INVERTIRLO en lo que tú consideras más beneficioso para ti, y NUNCA MALGASTARLO.

¿Recuerdas cuando hablábamos de APALANCAMIENTO? Tu TIEMPO es tu mayor ACTIVO, no lo MALGASTES

Entonces...

¿Eso quiere decir que no puedo tener vida, ocio, descanso, hacer lo que yo quiera... aunque sea NADA?

Al contrario, si has decidido luchar por tu SUEÑO, estás viendo todo lo que implica (de momento): AUTOCONOCIMIENTO, CONTROL EMOCIONAL, APRENDIZAJE... muchas tareas que debes incluir en tu día a día, dentro de tu agenda, y es normal que lo primero que me digas sea...

 **¡¡¡¡¡¡ NO TENGO TIEMPO !!!!!**

Lamento decirte, y si eres honesto contigo mismo estarás de acuerdo conmigo, que SÍ HAY TIEMPO, pero lo importante no es CUÁNTO TIEMPO TIENES, sino CÓMO APROVECHAS EL TIEMPO QUE TIENES.

 **Igual que APROVECHAS al máximo el DINERO que tienes, haz lo mismo con tu TIEMPO.**

Por eso, a partir de ahora debes trabajar con INTENSIDAD, tu META NO debe ser GASTAR HORAS, sino conseguir OBJETIVOS.

Para ello, debes organizar tu agenda para incluir tareas que te ayuden a conseguir tu objetivo y ahí debes incluir OCIO, FAMILIA, AMIGOS, TELEVISIÓN, MEDITACIÓN, DEPORTE, DESCANSO, incluso NO HACER NADA.

Pero lo que se acabó es una agenda de:

— 6:00 / 7:00 Desayuno y aseo.
— 7:00 / 8:00 Transporte.
— 8:00 13:00 Trabajo.
— 13:00 / 14:30 Almuerzo.
— 14:30 / 17:30 Trabajo.
— 17:30 / 18:30 Transporte.

— 18:30 / 21:00 Descanso (medio muerto).
— 21:00 / 22:00 Cena.
— 22:00 / 24:00 Televisión.
— 00:00 / 06:00 Dormir.

Amigo mío, prepárate para CAMBIAR.

Te vuelvo a poner mi ejemplo. Yo normalmente no tengo un horario fijo de trabajo (a no ser que tenga que impartir un taller de formación y tenga que emplear todo un día laboral, en cuyo caso no me queda más remedio).

Sin embargo, sí es verdad que mi agenda SIEMPRE está orientada a realizar acciones que me ayuden a conseguir mi OBJETIVO, y dentro de esas acciones están, por ejemplo (suponiendo que no estoy de viaje, luego os contaré cómo se modifica cuando viajo):

— Hacer deporte (CONTROL EMOCIONAL).
— Jugar con mis hijas (CONTROL EMOCIONAL).
— Cocinar (CONTROL EMOCIONAL).
— Hablar con mi mujer (CONTROL EMOCIONAL).
— Escribir (AUTODESARROLLO).
— Leer / estudiar / ver videos (AUTODESARROLLO).
— Buscar clientes y visitarles (NEGOCIO).
— Elaborar propuestas y presentarlas (NEGOCIO).
— Hacer seguimiento a mis colaboradores... (NEGOCIO).

Además de todo lo que implica una vida "normal": solucionar problemas domésticos, ir de compras, hablar con la familia, ver la tele, hacer cosas de casa...

En definitiva, tengo múltiples tareas que combino con un **OBJETIVO** claro, lograr mi **EQUILIBRIO** personal, familiar y profesional.

Tengo la gran suerte de no tener un horario fijo de trabajo, sin embargo todo lo que hago lo hago con **FOCO** e **INTENSIDAD**, por lo que intento no **MALGASTAR MI TIEMPO**, porque es mi bien más preciado y desde que comencé mi proceso de **CAMBIO** me dije a mi mismo una frase que quiero compartir contigo porque espero que te sirva:

"Mi **TIEMPO** se lo **REGALO** a quien **YO QUIERO**, pero no lo **MALGASTO** con **NADIE**"

Te dije antes que te iba a contar cómo variaba mi agenda cuando viajaba por trabajo. Una de las cosas más maravillosas que me han pasado desde que comencé a luchar por mi SUEÑO de AYUDAR A LAS PERSONAS, es que he tenido la posibilidad de VIAJAR mucho, de AYUDAR a muchas personas de muchos PAÍSES y de diferentes CULTURAS.

Cuando estoy de viaje, mi FOCO y mi INTENSIDAD están en las tareas profesionales que tengo que hacer allí, ya que estoy fuera de mi casa, NO ME PERMITO MALGASTAR NADA DE MI TIEMPO, y siempre viajo con unas zapatillas de deporte en mi maleta, porque cuando estoy de viaje es mi principal mecanismo de CONTROL EMOCIONAL.

Pero cuando vuelvo a casa, mi familia merece recuperar el TIEMPO que no les he podido dedicar, por lo que en los siguientes días mi FOCO e INTENSIDAD son para ellas, y mi cabeza deja a un lado todo lo relativo al TRABAJO.

En definitiva, no es CANTIDAD, sino CALIDAD, y eso se consigue gracias al FOCO y la INTENSIDAD.

Al final del libro os contaré cómo ha sido el proceso creativo de escritura del mismo y cómo el FOCO y la INTENSIDAD han sido clave en su elaboración. (Os iba a decir que os lo contaría si lo conseguía terminar de escribir, pero os estaría engañando porque ya está terminado, esta frase la he escrito en la segunda reescritura del libro ☺).

Espero que hayas entendido, más o menos, lo que te quiero decir (si no es así, no te preocupes, volveremos a hablar de ello), porque te va a permitir AVANZAR en tu proceso de CAMBIO personal.

Recuerda que tu rol debía evolucionar:

SOÑADOR – ESPECIALISTA – EMPRENDEDOR – EMPRESARIO

Hasta ahora has comenzado el proceso teniendo un SUEÑO, decidiendo de forma IRREVOCABLE que vas a luchar por él y comenzando a diseñar tu PLAN.

Recuerda que has tenido que desarrollar tu TRIDENTE DE PENSAMIENTO–ESTRATÉGICO, TÁCTICO y OPERATIVO, y que has comenzado a utilizar PALANCAS para que te ayuden en la consecución de tu SUEÑO.

Recuerda también que has comenzado a hacerte ESPECIALISTA adquiriendo todos los conocimientos específicos necesarios para ser el que más sepa en todo el mundo mundial de tu SUEÑO.

Además, tienes claro que debes actuar con FOCO e INTENSIDAD, porque no eres un SUPERHÉROE, eres humano y luchas por un SUEÑO para ser más feliz, NUNCA para ser ESCLAVO de tu SUEÑO.

Pues ahora llega el momento de dar un paso hacia adelante, y para ello tienes que llegar a ser EMPRENDEDOR.

¿Y cuál es la diferencia entre un ESPECIALISTA y un EMPRENDEDOR?

La MONETIZACIÓN de tu sueño, es decir te vas a PROFESIONALIZAR para obtener beneficios de ese SUEÑO y de todo el ESFUERZO que has HECHO hasta el momento.

Y aquí es el momento donde pueden comenzar de nuevo tus MIEDOS, porque tener un SUEÑO es fácil, aprenderlo todo de él es relativamente sencillo, pero **PROFESIONALIZARLO** y **MONETIZARLO** es más complicado...

 **¿Seguro?**

No es que sea más complicado, sino que ya no depende solo de nosotros, ya depende de otros factores externos, porque para poder **VIVIR** de nuestro sueño tenemos que ser capaces de que alguien pague por lo que hacemos, y que pague lo suficiente para que nuestras **PALANCAS** sean **RENTABLES**.

¿Recuerdas el ejemplo de las gallinas?

Así que, si queremos que nuestro **SUEÑO** deje de ser nuestro "**HOBBIE**" y se convierta en nuestro **TRABAJO**, debemos seguir creciendo y alimentando nuestro plan, y eso lo haremos a partir del próximo capítulo.

Pero antes, hagamos un nuevo ejercicio.

Ejercicio 13

En el ejercicio anterior hemos enumerado todos los conocimientos que debíamos adquirir para ser **ESPECIALISTAS**.

En este caso, te pido que, nuevamente cojas el lápiz y el papel, mires en tu interior y:

Escribe **TODOS** los conocimientos que debes adquirir, que debes aprender para poder **MONETIZAR** tu **SUEÑO**, es decir para pasar de **ESPECIALISTA** a **EMPRENDEDOR**.

Te pido además que, de la lista que hiciste en el **Ejercicio 12**, revises si alguno de los conocimientos que escribiste deberías cambiarlos a este nuevo listado.

22 | Formación Complementaria – Personas

Si recuerdas, a lo largo de este libro te he dicho una frase que sonaba algo así cómo...

> "Si quieres ir rápido, ve solo, si quieres llegar lejos ve acompañado"

Hasta este momento has estado haciendo casi todo el trabajo tu solo pero, cuando llegues a este punto en la lucha por tu SUEÑO, poco a poco vas a ir necesitando relacionarte más con el mundo, con tu entorno, con otras personas.

Me gustaría que reflexionaras un poco en todo el trabajo de AUTOCONOCIMIENTO que has hecho hasta ahora, para que te des cuenta que no es tan sencillo como parece cuando escuchas:

> "Busca tu sueño y lucha por él"

Si de verdad quieres luchar por tu SUEÑO tienes dos opciones:

— Hacerlo de una manera planificada, consciente de lo que estás haciendo y del esfuerzo, sacrificio, trabajo, planificación y constancia que requiere.

— O llenarte de motivación y salir a pegarte con el mundo sin ningún tipo de preparación ni planificación.

Por poner un símil, es como si quieres apuntarte al gimnasio por un impulso y un subidón de motivación, o lo haces de una manera organizada como nuestra amiga **LOLA**,

 **¿Cómo crees que tienes más posibilidades de triunfar y de conseguir tu OBJETIVO?**

El siguiente paso que debes dar en tu camino es **PROFESIONALIZARTE** y **MONETIZAR** tu **SUEÑO**, pero para eso debes adquirir una serie de **CONOCIMIENTOS** que comenzamos a ver en nuestro ejercicio anterior.

Además de toda la formación **ESPECÍFICA** que está relacionada con tu **SUEÑO**, vas a necesitar otro tipo de formación **COMPLEMENTARIA** que, sea cual sea ese **SUEÑO**, vas a necesitar.

PERSONAS

Mi querido amigo, a partir de ahora tu éxito va a depender en una parte de ti, pero en otra gran parte de otras **PERSONAS**.

Si quieres **PROFESIONALIZARTE** vas a necesitar personas que trabajen contigo o para ti, vas a necesitar proveedores, vas a necesitar socios, que aporten capital o trabajo, vas a necesitar que te presten dinero y, lo más importante, vas a necesitar clientes, personas dispuestas a pagar por lo que estés dispuesto a ofrecerles.

Por todo esto, vas a tener que desarrollar tu capacidad de EN-TENDER a las PERSONAS, y para eso vas a tener que desarrollar una serie de HABILIDADES fundamentales que te permitan relacionarte con esas PERSONAS con el fin de conseguir tus OBJETIVOS.

Porque no es lo mismo ser TRABAJADOR que EMPRENDEDOR, cuando tú eres TRABAJADOR haces tus tareas, de la manera más profesional que puedes, sabes o quieres, y aunque es necesario que tengas que relacionarte con personas, no lo es tanto como ahora porque a partir de este momento:

No vas a poder SOBREVIVIR sin explotar al MÁXIMO tus RELACIONES PERSONALES

Y para conseguirlo vas a tener que trabajar dos aspectos fundamentales de las RELACIONES PERSONALES, la EMPATÍA y la INTELIGENCIA EMOCIONAL.

INTELIGENCIA EMOCIONAL

Comencemos por el segundo. Si recuerdas, en la primera parte del libro estudiamos este concepto y vimos que era la habilidad de entender tus EMOCIONES y las de los demás, para conseguir aprovecharlas en tu propio BENEFICIO.

Ya vimos cómo es muy importante conocerte EMOCIONALMENTE, entender lo que SIENTES y cuáles son tus RESPUESTAS a tus EMOCIONES, para utilizar las herramientas que tienes a tu disposición con el objetivo de lograr tu CONTROL EMOCIONAL.

Ahora te toca hacer algo un poco más difícil todavía, que es aplicar la INTELIGENCIA EMOCIONAL a tu relación con los demás, es decir, entender cómo se SIENTEN las personas con las que te relacionas y cómo esas EMOCIONES pueden condicionar sus actos para que actúes de la mejor manera para tus propios intereses.

Te pongo un ejemplo: A las personas nos gusta que los demás nos despierten EMOCIONES POSITIVAS, que nos hagan SENTIR BIEN, que nos MOTIVEN y nos ILUSIONEN.

Tu habilidad para despertar EMOCIONES POSITIVAS en las personas que te rodean va a condicionar, en gran medida, tu ÉXITO.

Imagínate que quieres comprar 20.000 gallinas como vimos en nuestro ejemplo, para que pase de ser un HOBBIE a un trabajo, y vas a un banco a pedir el dinero.

Te voy a plantear dos situaciones distintas:

1) Vas al banco y le dices a la persona que estudia y concede los préstamos que quieres dedicarte a la explotación de granjas avícolas, y que necesitas que te preste 240.000€ para comprarlas.
El trabajador del banco te pide que le des garantías o un plan de negocio, y le dices que no tienes nada de eso, pero que todo el mundo que se dedica a explotar gallinas tiene mucho dinero y tú también quieres.

2) Ahora vamos a suponer que tomas el estudio financiero que hemos diseñado en este libro.

Lo diseñas súper bonito, bien claro, explicado con datos específicos y vas al Banco.

Le dices a la persona que debe valorar el préstamo que te dedicas desde hace 2 años a explotar gallinas a pequeña escala y que, gracias a tu experiencia, tienes datos reales de los ingresos y gastos de la actividad (y se lo justificas con facturas y libros de contabilidad).

Le dices que, en base a esos datos es muy fácil crecer, le explicas los márgenes y rentabilidades que manejas y el rendimiento que piensas sacar de la inversión de 240.000€, y que va a ser suficiente para devolver el capital y los intereses sin ningún problema. Por si tiene alguna duda, le planteas un calendario de pagos en base a los escenarios posibles que has contemplado en tu **PLAN**.

¿Qué estrategia crees que tendrá más éxito? La segunda, ¿cierto?

Vamos a ver por qué.
Si adoptas la primera postura,

¿Qué crees que le haces SENTIR a la persona del banco que te atiende?

Seguramente desconfianza, incredulidad y miedo a que no pagues el préstamo.

¿Y si adoptas la segunda postura?

Seguramente PENSARÁ que has hecho un estudio y un plan de negocio profesional, que tienes todos los aspectos estudiados y contemplados, y le harás SENTIR confianza, seguridad y garantía de éxito.

Eso es INTELIGENCIA EMOCIONAL, saber cómo debes actuar para despertar EMOCIONES POSITIVAS en las personas con las que te relacionas,

¿Para qué, para ser simpático o agradable?

No, por tu propio BENEFICIO, para que te concedan el PRÉSTAMO que te ayude a conseguir tus OBJETIVOS y puedas luchar por tu SUEÑO.

Y aquí va a ser muy importante el primero de los conceptos que hemos dicho: la EMPATÍA. Y aquí quiero poner la palabra EMPATÍA con muchísimas mayúsculas, es más, lo voy a poner más grande de lo normal.

EMPATÍA

¿Y por qué hago tanto énfasis?

Porque una de las claves de tu ÉXITO va a depender de la capacidad que tengas de ENTENDER lo que la otra persona SIENTE en cada momento, pero ENTENDER de verdad.

Cuando hablamos de EMPATÍA todos creemos que somos las personas más EMPÁTICAS del mundo mundial, tenemos muy claro que significa ponerse en los zapatos del otro, y nos atrevemos a decirle a cualquiera en un momento determinado:

"Te entiendo"

Y ese es uno de los mayores errores que puedes cometer en tu vida, creer que entiendes a los demás, y que sabes cómo se SIENTEN.

¿Y por qué es un error?

Porque es IMPOSIBLE que sepas cómo se SIENTEN, porque cada persona es distinta y TÚ no estás en la situación que la OTRA persona está, es más, si hubieras pasado por una situación similar, sabrías cómo te SENTIRÍAS tú en esa situación, pero no como cualquier otra persona se SENTIRÍA.

Hemos trabajado toda la primera parte del libro para intentar comprender cómo te SIENTES ante ciertas situaciones y cómo REACCIONAS ante las mismas.

Estoy seguro que si cogemos diez personas que hayan hecho los ejercicios que planteamos, los diez han puesto SITUACIONES distintas, EMOCIONES distintas y RESPUESTAS distintas.

Entonces,

 **¿Cómo puede ser posible que le digas alegremente a otra persona que apenas conoces: "Te entiendo"?**

Porque es una frase que la sociedad te ha hecho ver qué es normal decirla, pero que sea normal decirla, no quiere decir que sea verdad.

Por eso, una de las claves de tu ÉXITO a partir de ahora va a ser la HABILIDAD que tengas de desarrollar EMPATÍA.

Cuanto mejor sepas cómo se SIENTEN las personas en cada momento y cuanto mejor seas capaz de entender qué EMOCIONES despiertan tus ACCIONES en los DEMÁS, más posibilidades de ÉXITO tendrás, porque podrás utilizar tu INTELIGENCIA EMOCIONAL para hacer SENTIR a las otras personas BIEN, despertarles EMOCIONES POSITIVAS y conseguir tus OBJETIVOS.

 **¿Y esto es FÁCIL?**

Para nada, es lo más DIFÍCIL de todo lo que vas a ver en este libro. Por eso, desde el comienzo te he dicho que nada iba a ser FÁCIL, que debías CAMBIAR... PARA CAMBIAR EL MUNDO, y que, una vez que comenzara tu proceso de CAMBIO, ibas a recorrer un camino distinto que iba a ocupar el resto de tu VIDA.

Fíjate que hemos dedicado la primera parte del libro en investigar cómo te SIENTES tú ante ciertas situaciones, qué EMOCIONES tienes y cómo **REACCIONAS**, y seguro que has descubierto aspectos de tu personalidad que desconocías o no te habías parado a pensar a lo largo de tu vida.

¿No crees que sería bueno intentar hacer lo mismo para intentar COMPRENDER a los demás?

Si para una persona, que eres tú, has tenido (y tendrás, porque esto no ha hecho nada más que empezar) que hacer un gran esfuerzo de **AUTOCONOCIMIENTO**, imagínate generalizar y decirle a cualquiera que no conoces:

¡Te entiendo! ¿No crees que es demasiado OSADO?

Tienes un mundo entero por descubrir en lo que a **INTELIGENCIA EMOCIONAL** y **EMPATÍA** se refiere, pero te voy a decir una cosa que espero que te facilite un poco tu nuevo camino y que debes tener presente:

TODAS LAS PERSONAS ACTÚAN POR SU PROPIO INTERÉS

Y eso no es malo, es **NORMAL**.

Esto no quiere decir que todo el mundo sea EGOISTA, RUIN o RASTRERO, sino que van a actuar según sus MOTIVACIONES (como ya hemos visto) e INTERESES, como es NORMAL.

La clave de tu ÉXITO en tus RELACIONES PERSONALES va a ser la capacidad que tengas de ENTENDER a las personas con las que tienes que relacionarte, DESCUBRIR qué es lo que mueve a esa persona, cuáles son sus INTERESES y MOTIVACIONES y encuentres las manera de que encajen con los tuyos.

¿Qué quiero decir con esto?

Que el mundo no está contra ti, y que cuando tus posibles clientes no te compren, cuando la competencia te machaque o cuando el del banco no te preste dinero... no es porque quieran hundirte, amargarte y destruirte, es porque ellos actúan por su INTERÉS y estás haciendo algo que no encaja con esos INTERESES y MOTIVACIONES. Cuando te aparezca este caso, que se te dará, seguro:

En vez de quejarte de que el mundo está contra ti, analiza QUÉ NO ESTÁS HACIENDO BIEN.

Veámoslo en el ejemplo del Banco.

El responsable de préstamos del banco debe decidir si te presta el dinero o no, y está claro que lo va a hacer según su INTERÉS (no por el tuyo), pero...

 **¿Cuál es su interés?**

Esa persona quiere prestar dinero y recuperarlo con un tasa adicional, y para eso buscará prestárselo a personas que le garanticen (o por lo menos le inspiren la confianza) de que lo va a recuperar.

Y eso es la EMPATÍA, entender que esa persona no está ahí para solucionarte la vida, esa persona está ahí para:

 **PRESTAR DINERO Y RECUPERARLO CON UNA GANANCIA**

Y debes ser TÚ el que sepas QUÉ TIENES QUE HACER para que sus OBJETIVOS ENCAJEN CON LOS TUYOS y darle lo que necesita, en el caso de la persona del Banco, garantías, confiabilidad, tranquilidad y seguridad de que SI TE PRESTA EL DINERO, LO RECUPERARÁ CON UNA GANANCIA.

Te invito pues a que estudies, te prepares y te empapes de todo el conocimiento que encuentres relativo a las PERSONAS, EMPATÍA e INTELIGENCIA EMOCIONAL.

Un consejo te voy a dar, algo que he aprendido con el paso de todos estos años y que a mí SIEMPRE me ha servido:

> **SÉ AMABLE**

Y cuando me refiero a ser AMABLE, no me refiero a ser agradable o simpático, sino que me refiero a "algo más".

Si buscas en el diccionario la palabra AMABLE, te darás cuenta que viene del latín "amabilis" y significa "digno de ser amado".

Es decir, compórtate de tal manera con las personas, que seas digno de que te AMEN, pero no AMOR físico o carnal o romántico, sino que te AMEN, que te ganes su confianza, que generes EMOCIONES agradables en las personas, que quieran estar contigo, que les aportes cosas, que deseen que todo te vaya bien, que te recomienden a los demás.

Y esto, mi querido amigo, sí que debe ser tu manera de entender la vida y debe formar parte de los valores más profundos de tu ser.

Si trabajas tu AMABILIDAD cada día, sembrarás millones de cosas buenas que las personas con las que te cruces te ayudarán a expandir y a multiplicar.

No adoptes una posición defensiva siendo precavido, cauto, reservado... para que no te hagan daño.

Esa postura no te va a valer porque va en contra tuya, recuerda... FOCO.

A partir de ahora, todos tus actos y decisiones deben ir ENFOCADAS a la consecución de tu objetivo y debes analizar si cada acción te aleja o te acerca a tu SUEÑO.

Es mejor que todo el mundo te considere AMABLE y que una, varias o muchas personas te traicionen o te hagan daño, a que pierdas oportunidades con PERSONAS que merecen la pena por protegerte a ti mismo.

Esas traiciones formarán parte de tu aprendizaje y te enseñarán por el camino a protegerte sin dejar de ser AMABLE, porque te ayudarán a desarrollar la EMPATÍA, recuerda que las personas SIEMPRE actúan en su propio interés.

Yo te digo una y mil veces que mi gran objetivo es AYUDAR A LAS PERSONAS, pero no soy ni BOBO ni IDEALISTA, sé que me tengo que ganar la vida, MONETIZAR mis SUEÑOS y dar de comer a mi familia, y si puedo darles una vida acomodada mucho mejor, pero he decidido que quiero GANARME LA VIDA ayudando a las personas, por lo que SIEMPRE miraré lo que es mejor para mí (si lo puedo hacer ayudándote a ti habré conseguido mi SUEÑO).

Si quieres MONETIZAR tu sueño, necesitas personas que confíen en ti, que te presten dinero, que trabajen contigo, para ti, que te ayuden, que te compren, que te recomienden... necesitas que te AMEN.

Para intentar que entiendas un poco mejor lo que quiero decirte con tener EMPATÍA y SER AMABLE, te voy a contar una historia que me pasó hace mucho tiempo:

Como ya sabes, mi proceso de CAMBIO comenzó en el año 2009. Hasta esa fecha yo había adoptado una ACTITUD ante la vida y las personas de AUTOSUFICIENCIA, creía que prácticamente TODO lo que hacía lo hacía bien, y que mi manera de ser y actuar le gustaba a todo el mundo, que me entendían y me admiraban.

Hasta mi proceso de **CAMBIO**, mi forma de relacionarme con las personas siempre había sido un poco "peculiar". Siempre he sido muy directo, un poco "ácido" a veces, con mucha ironía y bastante gracia, tenía una manera de relacionarme muy ágil y siempre sabía lo que decir, cómo decirlo y en qué momento decirlo... **o eso creía yo.**

Muchos años antes de esa fecha de **CAMBIO**, cuando era aún un veinteañero, me fui con un amigo mío a pasar las fiestas de San Juan, en Coria (Cáceres), el pueblo de mis padres (te recomiendo que lo visites, no te arrepentirás), a casa de mi abuela.

Puedes imaginarte cómo fueron aquellas fiestas, mucha juerga, poco dormir y todo lo que un par de veinteañeros pueden hacer en unas fiestas de pueblo de comienzo de verano.

Una noche, antes de salir, mi abuela nos hizo la cena con todo su amor y, como buena abuela, insistió en que comiéramos un poco más, que la noche era muy larga y no podíamos salir a beber sin haber comido lo suficiente.

Ante esta insistencia digamos que... la contestación que le di a mi abuela no fue la más diplomática de la historia, y cuando la pobre mujer se fue hacia la cocina sin insistir más, mi amigo me dijo dos frases que me cambiarían mi vida a partir de entonces.

En primer lugar me dijo, muy pausadamente:

 **"Héctor, !Qué mal tratas a tu abuela!"**

Y después añadió, en un tono muy bajo y con un toque de resignación:

> "La verdad, tratas mal a todo el mundo"

En ese momento esas dos frases llegaron, incluso, a indignarme:

> ¿Qué yo trato mal a todo el mundo?
> Si nunca nadie me ha dicho que le tratara mal, al revés, siempre me han considerado ágil, ingenioso, un poco "ácido" y ocurrente.

O nuevamente, eso creía yo.

Unos años después, como bien sabes tuve la oportunidad de viajar y cambiar de país, y a principios del año 2012 trasladé mi residencia a Bogotá, lo cual te puedo asegurar que ha sido una de las mejores experiencias de mi vida, Colombia solo me ha regalado cosas buenas (incluidas mis dos hijas que nacieron allí).

Una de las cosas que más me han enriquecido de vivir en el extranjero, ha sido tener la oportunidad de conocer otras personas, otras culturas, otras maneras de vivir la vida, relacionarse, entender el mundo... en definitiva, ver un mundo distinto mucho más allá de lo que yo creía que era la única realidad que existía.

Gracias a que ya había comenzado mi proceso de **CAMBIO** esta nueva aventura la pude comenzar con una maleta llena de ilusión y vacía de prejuicios e ideas preconcebidas, las cuales dejé en Madrid antes de coger mi primer avión a Bogotá.

Esto hizo que, afortunadamente, haya podido empaparme de **TODO** lo que este maravilloso país, al que considero mi segunda casa, igual que España, me ha ofrecido.

 **¿Por qué te cuento todo esto?**

Porque la manera que tienen las personas de relacionarse en Colombia es muy distinto de cómo lo hacemos en España. Las personas allí son muchísimo más cordiales, más correctas en el trato, más agradables, más educadas y mucho menos directas, groseras o por así decirlo, menos bordes (en realidad no son nada bordes, esa palabra allí no existiría).

Estas diferencias hacen que, al principio, sea difícil encajar la manera de ser del colombiano y el español, porque el colombiano no te va a hablar tan directo como estamos acostumbrados para no ofenderte, no va a entender la ironía o que hables con segundas, y se puede ofender fácilmente si eres demasiado directo o "duro" en el habla.

Como te dije, fui a Colombia como una esponja, a empaparme de **TODO** y de **TODOS**, y esta diferencia cultural me hizo darme cuenta de estas dos cosas de las que te estoy hablando:

Amabilidad y Empatía

A partir del acontecimiento con mi abuela, me di cuenta que la gente no se **SENTÍA** como yo **CREÍA** que los hacía **SENTIR**, y que lo que yo CREÍA que era una manera normal de relacionarse con los demás, no lo era tanto. En resumen:

> No tenía ni idea de cómo mis palabras hacían SENTIR a los demás.

Pero a raíz de vivir en Colombia me di cuenta que, efectivamente, si no CAMBIABA mi forma de ser y relacionarme, las cosas no me iban a ir bien, ya que no iba a despertar sentimientos POSITIVOS en las personas.

Y lo mejor que me enseñó Colombia es que NADIE me lo iba a decir NUNCA, NADIE se iba a enfrentar a mí NUNCA, simplemente me irían dando largas en todo y NUNCA conseguiría hacer ningún NEGOCIO.

 ¿Y sabes qué sería lo peor que me pasaría?

Que como no hiciera mucha AUTOCRÍTICA, NUNCA llegaría a saber POR QUÉ pasaba esto, ya que todo el mundo iba a ser CORDIAL y CORRECTO conmigo y NADIE me iba a decir (como afortunadamente hizo mi amigo) qué estaba haciendo MAL.

Por eso, en esos primeros días en Colombia, me di cuenta que, si quería que las cosas me fueran bien, debía aumentar exponencialmente mi capacidad para ser lo que ya había comenzado a ser... AMABLE.

 **¿Cuál fue la consecuencia?**

Más de 4 años y medio después, me puedo sentir orgulloso de haber conocido muchísimas personas, muchísimas y variadas culturas, haberme enriquecido con un país y unas personas maravillosas, haber viajado por todos los rincones del país, haber hecho muchos negocios con todo tipo de empresas y, sobre todo, tener muchos buenos amigos colombianos que nos han hecho, a mí y a mi familia, SENTIR como en casa desde el primer día que pisamos "tierra americana".

Y todo eso NUNCA habría sido posible, si no hubiera decidido un día que debía tener EMPATÍA y ser AMABLE.

NUNCA hubiera sido posible si mi amigo Fernando Guillén Panizo no me hubiera dicho esa noche de San Juan:

 ¡Héctor, qué MAL tratas a tu abuela! La verdad es que tratas MAL a todo el mundo.

Ejercicio 14

Ya hemos visto cómo la **EMPATÍA** es fundamental si quieres conseguir hacer tu **SUEÑO** realidad, ya que para conseguirlo vas a necesitar de **PERSONAS,** y la manera que les hagas **SENTIR** va a ser fundamental.

Por eso, al igual que hizo mi amigo conmigo, voy a intentar que reflexiones sobre la manera en que haces **SENTIR** a los demás.

Y para conseguirlo te propongo lo siguiente:

— Durante una semana vas a elegir, cada día, una persona distinta con la que hayas tenido relación ese día.
— Debe ser una persona con la que tengas **CONFIANZA**.
— Cuando sea la hora en que tu relación con esa persona vaya a terminar por ese día, debes pedirle que te dedique 5 minutos para hablar tranquilamente y le vas a hacer dos preguntas:
— En primer lugar le vas a preguntar..."En toda la interacción que hemos tenido hoy... ¿Cómo te he hecho **SENTIR**? ¿Qué he hecho para hacerte **SENTIR** así?
— En segundo lugar le vas a preguntar..."En vez de la manera que te he hecho **SENTIR**, ¿Cómo te hubiera gustado que te hubiera hecho **SENTIR**? ¿Qué puedo **CAMBIAR** para conseguirlo?

Y para ayudarte vas a ir rellenando esta tabla:

Lunes	Martes	Miércoles	Jueves	Viernes	Sábado	Domingo
Nombre	Nombre	Nombre	Nombre	Nombre	Nombre	Nombre
¿Cómo te he hecho SENTIR?						
¿Qué he hecho para hacerte SENTIR así?						
¿Cómo te hubiera gustado que te hubiera hecho SENTIR?						
¿Qué puedo CAMBIAR para conseguirlo?						
Conclusión	Conclusión	Conclusión	Conclusión	Conclusión	Conclusión	Conclusión
Conclusión final						

Debes elegir cada día una persona distinta (tu pareja, tu padre, madre, tu hijo, hija, un amigo, un colaborador, tu jefe, un compañero...) quien quieras, pero cada día alguien distinto.

Al finalizar la conversación con esa persona, además de anotar sus respuestas, debes escribir cada día, qué conclusión sacas de la relación con esa persona.

Al finalizar la semana, debes escribir qué conclusión sacas del ejercicio.

23 | Formación Complementaria – Comunicación

Otra cosa que vas a tener que aprender e interiorizar a partir de este momento es que tu capacidad de comunicación va a tener que mejorar INFINITAMENTE. Y me puedes decir,

¿Pero si yo siempre me he comunicado bien?

Y eso es muy bueno porque ya tienes una parte del camino hecha pero, a partir de ahora, no basta con ser bueno, lo tienes de demostrar continuamente, lo tienes que contar y gritar a los cuatro vientos, se tiene que enterar el mundo entero de lo bueno que eres.

Y no vale el que diga:

"Ya saben lo que hago, que me vengan a buscar"

Porque...

Nadie te va a ir a buscar a tu casa

Lo siento mucho, pero...

 **No eres tan importante como crees**

En primer lugar, puedes ser muy bueno en tu empresa, pero estás detrás de una gran empresa, o pequeña, da igual, pero de una empresa, que tiene un prestigio, un nombre, una historia, unos productos... eres parte de un engranaje, de una maquinaria, a partir de ahora estás solo.

Y en segundo lugar, no es verdad que la gente sepa lo que haces. Estoy seguro que si pregunto a tu círculo cercano (tu familia) qué es lo que haces no todos sabrían decírmelo, seguramente me dirían "trabaja en..." y dirían una empresa o un departamento, pero no sabrían decirme exactamente qué es lo que haces, ni cuáles son tus puntos fuertes, por qué eres distinto a la competencia.

Me ocurriría lo mismo si pregunto a tus amigos o conocidos.

A partir de ahora, debes COMUNICAR a todo el mundo QUÉ haces, CÓMO lo haces y POR QUÉ eres mejor que el resto.

Y además lo tienes que hacer de una manera que TODOS te entiendan FÁCIL e INMEDIATAMENTE.

 **¿Qué quiero decir con eso?**

Tienes que estar preparado para, en menos de 30 segundos, explicarle a cualquier persona QUÉ es lo que haces y que te entiendan **TODOS**, independientemente de su edad o nivel cultural. Difícil, ¿verdad?

No te creas, como todo en esta vida, es práctica y aprendizaje.

Pero debes tener en la cabeza que te tienes que preparar para comunicarte mejor, debes aprender a escribir, debes aprender a expresar mejor y a hablar mejor, así que ve concienciándote de que vas a tener que estudiar mucho de **COMUNICACIÓN**.

Como decía mi prima:

> "La Reina, además de ser buena, tiene que parecerlo"

A partir de ahora, tú tienes que ser bueno, parecerlo y decirle a todo el mundo lo bueno que eres.

Este desarrollo de la comunicación va a estar íntimamente relacionado con la **EMPATÍA** y la **INTELIGENCIA EMOCIONAL**, ya que cuanto más **ENTIENDAS** a la persona que tienes delante de ti, más comprendas sus **EMOCIONES**, sus **MOTIVACIONES** y cómo tus palabras le pueden hacer **SENTIR** y, por consiguiente, **REACCIONAR**, más fácil te resultará **COMUNICARTE** con esa persona.

Ejercicio 15

Como hemos visto, el desarrollo de tus habilidades de **COMUNICACIÓN** va a ser fundamental a partir de este momento.

Por eso, vamos a hacer un pequeño ejercicio que ayude a **AUTOEVALUAR** tu capacidad de **COMUNICACIÓN**.

Sin ánimo de que te sintieras ofendido, te he dicho anteriormente que muy pocas personas de tu entorno saben realmente lo que haces en tu vida profesional.

Pueden saber tu cargo, si eres director, gerente, administrativo, consultor. Pueden saber tu sector, si trabajas en un mercado, en un taller, en un supermercado, en una oficina, pero realmente no saben cuáles son tus tareas del día a día.

Para que me demuestres que estoy equivocado, vamos a hacer lo siguiente:

A) Coge tu cuaderno y trata de definir tu trabajo contestando 3 preguntas:
   1) ¿Qué haces en tu trabajo?
   2) ¿Cómo consigues mejorar la vida de los demás?
   3) ¿Qué es lo que te hace ser mejor que los demás?

   Debe ser un discurso que no supere los 30 segundos cuando lo expongas y que lo pueda entender **CUALQUIER** persona.

B) ¿Ya lo has hecho?

   Muy bien, ahora vas a trabajar nuevamente durante 1 semana con una persona distinta cada día, las condiciones van a ser las siguientes:

C) Las personas tienen que ser distintas en ámbito, edad, relación y nivel cultural.

Es decir, no puedes elegir 7 compañeros de trabajo, ni 7 amigos, ni 7 compañeros de universidad, ni 4 hijos... debes elegir un grupo de personas heterogéneo, cuanto más distintos mejor, desde una persona de 3 años hasta una de 85, desde personas sin estudios, hasta doctores en Harvard.

D) Una vez que las hayas elegido vas a pedirle, cada día a uno de ellos, que se siente contigo 10 minutos y vas a hacer lo siguiente:

E) En primer lugar le vas a preguntar:
   1) ¿Me podrías decir qué hago en mi trabajo?
   2) ¿Me podrías decir cómo consigo mejorar la vida de los demás?
   3) ¿Me podrías decir qué me hace ser mejor que los demás?

F) Una vez que te haya contestado, escribe en el papel si la respuesta se ha acercado mucho o poco a la realidad. (Esto lo puedes hacer después de la conversación para no hacerle esperar).

G) En segundo lugar, vas a contarle el **DISCURSO** que has preparado. **SOLO** ese discurso, el **MISMO A TODOS**, sin cambiar **NI UNA PALABRA**. Esto es **IMPORTANTÍSIMO**, puedes preparar el **DISCURSO** tanto como quieras, pero una vez que lo hayas terminado, se lo cuentas **EXACTAMENTE IGUAL** a las 7 personas.

H) Al terminar el discurso, le vas a hacer a esa persona las 3 mismas preguntas:

"Ahora que te lo he explicado:

1) ¿Me podrías decir qué hago en mi trabajo?
2) ¿Me podrías decir cómo consigo mejorar la vida de los demás?
3) ¿Me podrías decir qué me hace ser mejor que los demás?

I) Y vas a anotar si, después de contárselo, la respuesta se ha acercado mucho o poco a la realidad.

J) Por último, una semana después vas a volver a hablar con esa persona (puede ser por teléfono) y le vas a hacer las mismas 3 preguntas:
"Hace una semana que estuvimos hablando,
1) ¿Me podrías decir qué hago en mi trabajo?
2) ¿Me podrías decir cómo consigo mejorar la vida de los demás?
3) ¿Me podrías decir qué me hace ser mejor que los demás?

K) Y vas a volver a anotar, si la respuesta se ha acercado mucho o poco a la realidad.
¿Por qué 3 veces? Porque así puedes comprobar:
— El **GRADO** de conocimiento que tienen **ANTES** de que se lo expongas.
— El **AUMENTO** de conocimiento que ha provocado tu **EXPOSICIÓN**.
— El nivel de **RECUERDO** que ha tenido tu **EXPOSICIÓN**.

L) Por último, vas a escribir las conclusiones que has sacado con este ejercicio sobre tu nivel de **COMUNICACIÓN**.
Te voy a dar una tabla para que te ayude:

Lunes	Martes	Miércoles	Jueves	Viernes	Sábado	Domingo
Nombre	Nombre	Nombre	Nombre	Nombre	Nombre	Nombre

Hazle las 3 preguntas							
Conclusión	Conclusión	Conclusión	Conclusión	Conclusión	Conclusión	Conclusión

Cuéntale el discurso						
Hazle las 3 preguntas						
Conclusión	Conclusión	Conclusión	Conclusión	Conclusión	Conclusión	Conclusión

Espera una semana y hazle las 3 preguntas						
Conclusión	Conclusión	Conclusión	Conclusión	Conclusión	Conclusión	Conclusión

Conclusión Final

24 | Formación Complementaria – Liderazgo

Vamos a por la tercera pata de la mesa. Tienes que desarrollar tu **LIDERAZGO**, y aquí sí te digo que debes hacer un examen total de tu persona y ser totalmente crítico para ver cuáles son las cualidades que debe tener un líder ideal y cuales tienes tú, cuales no tienes y cuales tienes que desarrollar.

Y te voy a dar una mala noticia, a ser un **LÍDER** no se aprende leyendo un libro sobre **LIDERAZGO**, a ser un **LÍDER** se aprende trabajando día a día para llegar a ser la clase de persona que crees que deberías ser.

Ese es el motivo por el que vamos a hablar muy poco en este libro sobre **LIDERAZGO**, porque yo **NO** te puedo **ENSEÑAR** a ser un **LÍDER**, al menos **NO** con unas cuantas líneas en este libro.

Lo único que puedo intentar, de momento, es hacerte ver la importancia de que **EXPLORES** y **DESARROLLES** tu **LIDERAZGO**, ya que, si quieres luchar por tu **SUEÑO**, lo vas a hacer fuera de esa gran empresa en la que tienes una **JERARQUÍA**, una **AUTORIDAD** y una **POSICIÓN**.

Si quieres conseguir tu **SUEÑO** vas a tener que **MOVER** a las personas gracias a tu **CARISMA**.

 **¿Y qué es el CARISMA?**

Esa es la gran pregunta, y mi respuesta NO es convencional. Te lo voy a explicar con un ejemplo que seguro que te ha pasado:

Imagina que estás en tu trabajo y una persona continuamente te pregunta si quieres ir con él o ella a tomar un café y casi siempre le dices que NO porque estás ocupad@.

 ¡No me digas que no te ha pasado!

Ahora imagínate en la misma oficina y piensa si hay alguna persona con la que te gusta estar cuando va a tomar café y tú quieres ir con él o con ella, aunque no te lo pida.

 **¿A que SÍ tienes en mente esas dos personas?**

Pues la diferencia entre las dos es el CARISMA. Una serie de características que ciertas personas poseen, y que hacen que otras personas confíen en ellas hasta el punto de que las quieren seguir, incluso sin que se lo pidan.

Por eso vas a tener que desarrollar tu CARISMA, porque vas a tener que conseguir que muchas personas confíen en ti, estás SOLO, porque además de no tener una GRAN EMPRESA detrás, tampoco tienes sus **GRANDES PRODUCTOS POSICIONADOS** en el mercado para venderlos.

Solo te tienes a **TI**, y tienes que conseguir que **PERSONAS** confíen en ti y te sigan, allá donde tú vayas.

 **Un gran desafío, ¿cierto?**

Pero no te preocupes, también tengo una buena noticia, si consigues desarrollar tu **INTELIGENCIA EMOCIONAL**, entender a todas las **PERSONAS** gracias al trabajo que has hecho desarrollando la **EMPATÍA** y trabajas intensamente tu **COMUNICACIÓN** interpersonal, tienes mucho a tu favor para ser un gran líder, solo te faltan otros miles de características de los grandes líderes, pero eso lo vas a ir viendo por el camino, gracias a todo lo que vas a trabajar tu **LIDERAZGO** ☺.

 **¿Miles de características?**

A lo mejor he exagerado un poco, pero tampoco te creas que demasiado y, para que empieces a ser consciente de lo que debes **EXPLORAR** y **DESARROLLAR** para ser un gran **LÍDER**, hagamos el siguiente ejercicio.

Ejercicio 16

Te he dicho anteriormente que no vas a aprender a ser un **LÍDER** leyendo un libro, por lo que no vamos a dedicar mucho más espacio en este libro a hablar sobre este concepto.

Sin embargo, también te he dicho que tu **LIDERAZGO** es algo que debes **EXPLORAR** y **DESARROLLAR** por ti mismo, y me gustaría ayudarte a que des el **PRIMER PASO** (solo el primero, el resto es trabajo tuyo, que te aseguro que te debe llevar el resto de tu **VIDA**).

Para eso, para que comiences a caminar, te voy a pedir lo siguiente:

A) Me gustaría que te imaginaras una persona, la que sea, que tú consideras que es lo más cercano al ideal de **LÍDER** que tienes.

B) ¿Ya la tienes en mente?
Muy bien, ahora quiero que empieces a escribir **TODAS** las características que consideres que debe tener ese **LÍDER IDEAL** que estás viendo en tu mente.
No te preocupes porque escribas 10, 20, 50, 100... Todas las que se te ocurran.
Yo te digo la primera que a mí se me ocurre y que ya te he dicho anteriormente... **CARISMA**.

C) Una vez que las tengas todas escritas, quiero que pienses en **TI**. Nuevamente te voy a pedir que seas honesto contigo mismo y te pongas una nota para cada una de ellas, del 1 al 10, donde 1 es la nota más baja y 10 la nota más alta.

D) Ahora, quiero que te comprometas contigo mismo y que te marques un plazo **REALISTA** para **DESARROLLAR** tu **LIDERAZGO**.

Cuando me refiero **REALISTA** es que no lo vas a hacer en una semana o un mes, es algo que te va a llevar mucho más tiempo.

E) ¿Ya te has marcado ese **PLAZO**?

Muy bien, ahora quiero que, al lado de la nota que te has puesto en cada **CARACTERÍSTICA** que debe tener ese **LÍDER IDEAL** para ti, te pongas la nota que te gustaría tener cuando termine el **PLAZO** que te has marcado.

Por ejemplo, si has puesto que en **CARISMA** tienes un 3 y has marcado el plazo de un año, escribe que nota te gustaría ponerte a ti mismo dentro de un año cuando vuelvas a **AUTOEVALUAR** tu **CARISMA**.

Hazlo para **TODAS** las **CARACTERÍSTICAS**.

F) Perfecto, ahora ya tienes una declaración de intenciones.

Ya sabes a lo que aspiras llegar a ser en un plazo concreto, pero no te vas a quedar solo en **DESEAR**, vas a pasar a la **ACCIÓN**.

Para ello, escribe al lado de la nota que aspiras en cada **CARACTERÍSTICA**, acciones **CONCRETAS** para conseguirlo.

Por ejemplo, si quieres pasar de 3 a 5 en **CARISMA** no sirve poner como **ACCIÓN**: "Desarrollar mi **CARISMA**", porque eso no es ninguna acción.

Una **ACCIÓN** podría ser: "Montar un grupo de atletismo en mi ciudad y conseguir que 20 personas se comprometan a hacer deporte juntos de una manera constante".

G) Por último, ponte una alarma en tu agenda para que justo cuando venza el plazo que has marcado te diga:

"Revisar el Ejercicio 16 del Libro: Cambia... para Cambiar el Mundo"

Ese día debes volver a este Ejercicio y analizar desde un punto de vista **AUTOCRÍTICO**, todo lo que dijiste que ibas a hacer. Para ello debes:

— Ver si lo has hecho o no.

— Si no lo has hecho, preguntarte...

¿Por qué?

— Si lo has hecho, ver si ha tenido resultado o no.

— Si no los ha tenido, preguntarte...

¿Por qué?

— Si los ha tenido, felicitarte a ti mismo y renovar tu compromiso en esa **CARACTERÍSTICA** por otro periodo similar **DESARROLLANDO** nuevas **ACCIONES**.

Insisto mucho en que todos los ejercicios son **SOLO** para ti, por lo que **SIEMPRE** te pido que seas **COMPLETAMENTE SINCERO** contigo mismo. Si no has hecho lo que dijiste o no se han cumplido tus objetivos, la única manera de que puedas **MEJORAR** es respondiéndote sinceramente, sin excusas a esos...

¿Por qué?

Para ayudarte a hacerlo te doy la siguiente tabla como modelo, pudiendo añadir tantas filas como **CARACTERÍSTICAS** hayas puesto:

Características del LÍDER IDEAL			
Plazo de Revisión			
Característica	Nota personal	Nota deseada	Acciones para conseguirlo

25 | Formación Complementaria – Ventas y Marketing

Y por último, para ponerle la última pata a esa mesa que es la formación complementaria que debes adquirir, debes aprender a **DESARROLLAR** y **VENDER** tu **MARCA PERSONAL**.

Como te dicho anteriormente, ya no estás detrás de esa gran empresa que todo el mundo conoce, con sus productos magníficos que todos conocen, ahora estás **SOLO** ante el **MUNDO**, y **SOLO** te tienes a **TI**, que eres el mejor del mundo mundial, y tus **PRODUCTOS** y/o **SERVICIOS**, que son los mejores del mundo mundial, pero que **NADIE** conoce.

Y ahora es el momento de aprender a que te conozcan a ti y a tus productos, por eso es el momento que te formes en Ventas y Marketing.

Pero...

 **¿Si yo soy técnico y no he vendido nunca?**

Eso se acabó, a partir de ahora vas a vender, y vas a vender **IMAGEN**, **MARCA** y **PRODUCTOS**.

Y para eso, tienes que aprender no solo a vender, sino a:

- Analizar tu mercado,
- Analizar a tu competencia,
- Ver sus precios,
- Elegir los tuyos,
- Entender cómo te puedes diferenciar de la competencia,
- Detectar posibles clientes,
- Contactar con ellos,
- Descubrir sus necesidades,
- Hacerles ver cómo tus productos les pueden ayudar mejor que los de la competencia,
- Distribuir tus productos,
- Y lo más importante… COBRAR.

 ¿Apasionante verdad?

Claro que sí, pero no te preocupes, que nuevamente si eres un experto en **INTELIGENCIA EMOCIONAL**, si has desarrollado una gran **EMPATÍA**, si eres un gran **COMUNICADOR** y te estás convirtiendo en un gran **LÍDER**, te va a resultar muy fácil aprender todo lo relativo a **VENTAS** y **MARKETING**, ya verás.

En los siguientes capítulos intentaremos profundizar un poco más en estos y otros aspectos, pero lo que quiero hacerte entender es que debes tener una **FORMACIÓN COMPLEMENTARIA** que abarque múltiples ámbitos, pero que te la voy a resumir en una sola frase, para que veas lo simple que es todo.

Tú **ÉXITO** va a depender de tu capacidad para:

"Entender qué necesita tu cliente, diseñar la mejor solución que tienes para su necesidad, ponerla a su disposición justo en el momento que la necesite, y hacerle ver el beneficio que va a obtener"

Si eres capaz de hacer esto... tienes el **ÉXITO** garantizado.

26 | Vamos a empezar a darte cargos en TU EMPRESA

Muy bien, pues ya hemos visto la formación principal que debes tener para comenzar a hacer tu SUEÑO realidad.

? Perdón, ¿he escuchado "comenzar"?

Sí, mi querido amigo, porque esto no ha hecho nada más que empezar.

Recuerda que has comenzado un proceso de CAMBIO y DESARROLLO PERSONAL que tiene fecha de comienzo, pero que no tiene fin, va a ser continuo el resto de tu VIDA.

Pero no te preocupes, en cuanto hayas cambiado tu manera de pensar y tus procesos y esquemas mentales, te resultará muy fácil.

Recuerda que, hasta ahora, has definido cuál es tu SUEÑO, y te has convertido en ESPECIALISTA, y estás en el paso de pasar de ESPECIALISTA a EMPRENDEDOR.

En este paso, además de:

— todo lo que te he dicho que debes aprender sobre ti mismo
— todo el conocimiento técnico que debes tener para que

seas la persona que más sabe del mundo mundial de tu SUEÑO,
— y de todos los conocimientos que debes adquirir para comenzar a pasar de ESPECIALISTA a EMPRENDEDOR, que te recuerdo que son de INTELIGENCIA EMOCIONAL, COMUNICACIÓN, LIDERAZGO, VENTAS y MARKETING,
— vamos a ver otros aspectos que vas a tener que DOMINAR, por lo que comenzaremos interiorizando su necesidad y posteriormente explicaremos todo lo que debes saber.

Y aquí puede que te vengan nuevamente tus dudas, pero...

> "Si he buscado en internet y me dicen que es facilísimo hacer un PLAN DE NEGOCIO, que existe una cosa que se llama el modelo CANVAS que dice que, con una cartulina grande, lo puedo hacer en una hora"

Y es cierto, es muy fácil si sabes CÓMO hacerlo, pero sobre todo, si sabes LO QUE HAY QUE PONER DENTRO.

El modelo CANVAS es una herramienta, muy útil para sintetizar en una hoja tu PLAN DE NEGOCIO de la compañía, lo realmente complicado es SABER QUÉ PONER DENTRO.

Por eso, te recomiendo que no te apresures, como Miyagi le decía a Daniel, y vayas trabajando PASO A PASO, y cuando terminemos todo el proceso, te podrás enfrentar a tu cartulina y hacer un PLAN DE NEGOCIO que te sea útil.

Si aún no estás seguro de lo que te digo, haz una pausa, busca en Google:

"Plantillas para modelo CANVAS"

Y te descargas la que quieras, pero si lo prefieres, continuamos nuestro camino de crecimiento y en la última parte del libro, con todo el conocimiento que ya tienes, te doy una plantilla y te ayudo a rellenarla y completarla de una manera que para ti sea EFECTIVA.

Muy bien, si sigues leyendo esta frase es que has decidido confiar un poquito más de tiempo en mi (de lo que me alegro y te agradezco enormemente), por lo que vamos a continuar en tu proceso de lucha por tu SUEÑO.

Como te decía en el título de este capítulo, vamos a comenzar a darte CARGOS en TU EMPRESA, porque si has pasado de ser un ESPECIALISTA a un EMPRENDEDOR es porque quieres desarrollar un proyecto EMPRESARIAL y ya tienes tu propia EMPRESA (aunque no la hayas fundado, ni inscrito, ni nada... ya tienes tu propia EMPRESA).

Ahora es cuando debes tener una medio sonrisa irónica en tu cara, estás mirando a la derecha y a la izquierda y estás pensando:

"¿Una empresa? Sí, soy Bill Gates, no te digo".

Sí, ya tienes tu EMPRESA, que es una organización destinada a satisfacer las NECESIDADES de una serie de CLIENTES, gracias

a una serie de **PRODUCTOS** y **SERVICIOS**, utilizando una serie de recursos productivos.

Ya lo sé, no tienes **CLIENTES**, ni **PRODUCTOS** ni **SERVICIOS**, ni siquiera tienes **RECURSOS**.

No importa, porque tienes un **SUEÑO**, y ya eres un **ESPECIALISTA** en él, y estás dando el paso para ser **EMPRENDEDOR** y además, ya vamos definiendo lo que necesitamos: **CLIENTES, PRODUCTOS, SERVICIOS, RECURSOS**... vamos bien, muy bien.

Ahora quiero que te imagines cómo sería el **CONSEJO DE ADMINISTRACIÓN** de una gran empresa que admires, una gran multinacional. Imagínatelo de verdad, visualízalo...

? ¿Lo ves?

A lo mejor te imaginas una gran mesa ovalada de caoba con unos cuantos señores y señoras sentados en unos grandes sillones de cuero negro, con portafolios de piel y con unos cargos súper interesantes del tipo:

"Vicepresidente Estratégico de Relaciones Institucionales para EMEA (Europa, Oriente Medio y África)" o "Director de Desarrollo de Nuevas Tecnologías para proyectos emergentes".

O a lo mejor te imaginas una sala de reuniones acristalada, llena de cosas escritas en las cristaleras, con unas cuantas personas vestidas de manera informal y sentadas en Poangs o Pufs.

Hay muchas maneras de imaginártelo, pero la manera en que lo hayas hecho, dice mucho de CÓMO quieres que sea tu empresa.

Lo bonito de SOÑAR es que puedes SOÑAR lo que quieras, hasta el más mínimo detalle, y lo mejor de todo es que, cuanto más SUEÑES, más estarás trabajando en tu SUEÑO, porque todo eso, algún día, tendrás que decidir CÓMO quieres que sea.

¿Por qué te digo todo esto?

Porque ya tienes que empezar a darle forma a ese SUEÑO y, como te habrás dado cuenta, tu CONSEJO DE ADMINISTRACIÓN no está formado por un grupo de reconocidísimos profesionales del sector, sino que estarás tú SOLO (o con algún socio al que no le has dicho que estás leyendo este libro porque te da vergüenza ☺)

Pues como estás tú SOLO, a partir de ahora vamos a ver los puestos básicos que debes ocupar en tu AUTOCONSEJO DE ADMINISTRACIÓN DE TU COMPAÑÍA, que te aseguro que lo vamos a hacer muy simple, pero necesario.

¿Quieres que te empiece a dar cargos?

Pues continuemos.

27 | El Consejo de Administración

En este punto, estoy seguro que estarás pensando una de estas dos cosas:

> Este tío está un poco loco, ¡qué divertido!
> O... este tío está un poco loco, ¡qué tontería!

Te agradezco que me digas que estoy un poco loco y, si has pensado que es divertido, me alegro que tengas esa manera de ver el mundo, porque eso va a significar que te gusta divertirte y disfrutar mientras trabajas, lo cual te va a hacer tu camino hacia tu SUEÑO mucho más fácil y apasionante.

Si por el contrario has pensado que lo que digo es una tontería y sigues leyendo el libro, me alegro que pienses que las tonterías son útiles y no las deseches automáticamente, ya que te aseguro que si quieres REGALARLE al mundo algo nuevo, innovador y que te haga diferente, seguramente tenga que parecer una "tontería", si no me crees, piensa en la cantidad de personas que hay persiguiendo Pokemon ☺.

Bueno, vamos a tu CONSEJO DE ADMINISTRACIÓN, que va a estar formado por:

1) Un jefe, o director, o presidente, o como quieras llamarle.
2) Un Director Estratégico.
3) Un Director Comercial.
4) Un Director de Marketing.
5) Un Director de Producción.
6) Un Director Financiero.
7) Un Director de Compras.
8) Un Director de RRHH.

Y de momento... ya está, en un futuro tendremos tiempo de nombrar un Vicepresidente del Consejo Asesor de Relaciones con Escandinavia, pero de momento así nos quedamos.

Muy bien, ya tenemos todos nuestros cargos y, mi querido amigo, te nombro a ti todos ellos, sí señor, ya puedes incluirlo dentro de tu curriculum.

Porque a partir de ahora, vas a tener que hacer **TODAS** y cada una de las funciones que haría un cargo de esas características en una gran empresa.

Lo bueno y lo bueno (sí, he dicho dos veces bueno, no es una errata) es que, de momento, lo vas a hacer tú todo.

BUENO porque no vas a tener que poner de acuerdo un grupo de **PERSONAS**, y

BUENO porque si entiendes qué debe hacer cada uno de esos cargos, si te esfuerzas, te formas y haces de manera profesional cada uno de los trabajos, cuando tu empresa **CREZCA** y tengas que **DELEGAR**, entenderás el trabajo de cada uno de ellos, tendrás **EMPATÍA** y te será más fácil tomar decisiones basadas en los criterios de otras personas.

Te pongo un ejemplo:

Imagínate el dueño de una gran empresa que la comenzó hace 30 años y que ahora, con mucho esfuerzo, ha llegado a ser una multinacional con decenas de miles de empleados, presencia en casi todos los países del mundo y facturaciones y beneficios multimillonarios.

Ese dueño (o dueña, siempre que hable de alguna persona en este libro, me refiero indiferentemente a hombres o mujeres, a no ser que les ponga nombres como Lola, Pepe o Carmen) tiene un hijo que, después de estudiar en los mejores colegios y universidades del mundo entra a trabajar en la compañía, y en vez de hacerle Vicepresidente de algo, le manda a formarse en la compañía, haciendo rotaciones por los diferentes departamentos.

 ¿Por qué crees que lo hace?

Por muchos motivos, pero todos esos motivos tienen un denominador común, para que ENTIENDA.

— Para que ENTIENDA QUÉ es lo que hace cada departamento.
— Para que ENTIENDA CÓMO viven las personas.
— Para que ENTIENDA el CONOCIMIENTO que tienen las personas de la compañía.
— Para que ENTIENDA los OBJETIVOS de cada área, así como sus MOTIVACIONES.
— Para que ENTIENDA la cadena de VALOR del negocio.
— Para que ENTIENDA, ENTIENDA y ENTIENDA.

Pues eso es lo que vas a hacer tú, ENTENDER cómo las decisiones más pequeñas de tu EMPRESA van a ser tratadas desde un punto de vista EMPRESARIAL, porque llegará algún día que esa decisión se deberá tomar de esa manera.

Te voy a poner otro ejemplo:

Si tú AHORA necesitas un bolígrafo, vas a la tienda, metes tu mano en el bolsillo, sacas un euro y le dices al tendero:

> "Deme un bolígrafo, por favor"
> Parece lógico. ¿Cierto?

Pues a ver si es igual de lógico cuando tu empresa crezca, y en el momento que un departamento necesite un bolígrafo:

— Deba solicitar un partida presupuestaria al departamento FINANCIERO, basada en un estudio económico,
— Una vez aprobada, la solicitud tenga que ir al departamento de COMPRAS,
— Este se encargará de buscar tres PROVEEDORES, a los cuales les pida una OFERTA de aprovisionamiento por escrito y,
— Después de que un COMITÉ EVALUADOR haya emitido un dictamen favorable hacia alguna de las tres compañías,
— El departamento JURÍDICO elabora un CONTRATO de colaboración,
— Y que tras haber sido FIRMADO dicho acuerdo,
— Se pueda dar de alta como PROVEEDOR al suministrador del bolígrafo en el SISTEMA,

- Y ya se pueda hacer una PETICIÓN formal por el nuevo aplicativo,
- Después de lo cual el bolígrafo LLEGARÁ a la compañía,
- Se firmará el ALBARÁN,
- Se entregará al DEPARTAMENTO que lo ha solicitado,
- Este introduzca en el aplicativo el RECIBÍ,
- Y el PROVEEDOR pueda emitir una FACTURA,
- La cual, después de haber sido AUTORIZADA por el departamento FINANCIERO y CONTABILIZADA,
- Se procederá a su PAGO en el plazo de 60 días.
- Siendo muy probable que sea REVISADA al año siguiente por AUDITORÍA.

¿Te parece que estoy exagerando?
¿Te parece que esto no es posible?
Y si en vez de un bolígrafo, hablamos del contrato de papelería de tu compañía, ¿podría ser así? ☺

Pues vamos a ver QUÉ va a hacer cada miembro de tu CONSEJO DE ADMINISTRACIÓN y CÓMO coordinarlos.

28 La Operación

Bueno, ya hemos visto cómo tu **CONSEJO DE ADMINISTRACIÓN** está compuesto por varios cargos que debes asumir.

Lo que vamos a ver a partir de ahora es cómo, todas las decisiones que tomes en el día a día de tu **EMPRESA** van a afectar a uno o varios de los departamentos que diriges, y la importancia de que, antes de tomar una decisión, valores todas las implicaciones que esa decisión pueda tener.

Y ya no te hablo de comprar un bolígrafo, sino de decisiones realmente importantes que, a partir de ahora, vas a tener que tomar en la búsqueda de tu **SUEÑO**.

Debido a esto, vamos a ver individualmente cada una de las **GORRAS** que te vas a tener que poner y cómo se van a relacionar unas con otras:

El JEFE

Efectivamente, eres el **JEFE** y como tal debes tomar decisiones, ya que no hay peor decisión que la que no se toma.

Si quieres luchar por tu **SUEÑO** de una manera profesional, es decir **EMPRENDIENDO**, vas a darte cuenta que no tienes todo el

TIEMPO del mundo, ni todos los RECURSOS del mundo, sino que van a ser limitados, muy limitados.

Además, debes tener en cuenta que tienes que definir a QUÉ te quieres dedicar, QUÉ quieres hacer y CÓMO vas a aportar VALOR a tus CLIENTES.

¿Hemos dicho CLIENTES?

Tendrás que definir QUIÉNES quieres que sean tus CLIENTES, CÓMO ir a buscarlos, CÓMO darte a conocer, CÓMO hacer, incluso, que vengan ellos a ti (cuando consigas eso es que tu lucha por tu SUEÑO va muy bien).

Tendrás que decidir CUÁNTO les vas a COBRAR por tus PRODUCTOS o SERVICIOS, y para eso debemos tener en cuenta lo que cobra la COMPETENCIA.

¡Ah claro, que también hay competencia, pero nosotros somos mejores!

Ya, pero eso SOLO lo sabes tú, a lo mejor deberías investigar qué hacen ellos, ¿no crees?

Debes analizar lo que nos cuesta PRODUCIR,

¿Pero también hay que producir?

Si quieres PRODUCIR necesitarás PERSONAS que tendrás que CONTRATAR y que les gusta COBRAR a final de mes y encima... tendremos que conseguir DINERO para pagarlo todo, hasta un mísero bolígrafo.

? ¿Te has vuelto loco?

No te preocupes, que lo vamos a organizar todo, lo principal es que entiendas que para tomar una decisión como JEFE tendrás que escuchar a todos tus DIRECTORES y, en base a sus CRITERIOS, tomar la DECISIÓN que consideres más acertada para tu SUEÑO y tu NEGOCIO.

 **¿Negocio? ¡Pero si hasta ahora solo hemos hablado de mi SUEÑO!**

Efectivamente, pero ya no eres un **SOÑADOR**, ni un **ESPECIALISTA**, eres un **EMPRENDEDOR**, y como ya hemos dicho, tienes una **EMPRESA** que debes **CREAR, MANTENER, CONSOLIDAR** y **HACER CRECER**.

 **Apasionante, ¿verdad?**
¿Ves cómo todavía no podemos rellenar el CANVAS?

No te creas que no lo considero una herramienta útil, al contrario, pero como hemos dicho, lo importante **NO** es la herramienta, es el **CONTENIDO**, y eso es lo que tienes que empezar a dibujar en tu mente, para luego plasmarlo en un **LIENZO**.

Entonces, que te quede claro que tu trabajo como **JEFE** va a ser **TOMAR DECISIONES**.

Tomaste la primera **DECISIÓN** cuando decidiste luchar **IRREVOCABLEMENTE** por tu **SUEÑO**, y ya no tienes vuelva atrás, solo puedes ir **ADELANTE**.

Pero como no puedes ir **ADELANTE** como un pollo sin cabeza, tienes que escuchar a tu **CONSEJO DE ADMINISTRACIÓN**,

 **¿Te has fijado que se llama CONSEJO?**

Ellos te ACONSEJAN para que tú tomes las decisiones, ¡qué curioso!, ¿cierto?

EL DIRECTOR ESTRATÉGICO

Si recuerdas, al comenzar a trabajar en la lucha por tu SUEÑO dijimos que debías tener lo que se llama un TRIDENTE DE PENSAMIENTO, es decir que debes ser capaz de pensar de una manera ESTRATÉGICA, TÁCTICA y OPERATIVA y dijimos que, a partir de ahora, todas las decisiones que tomes deben ser evaluadas en función de si te están alejando y acercando a tu SUEÑO.

Pues este DIRECTOR ESTRATÉGICO es el que se encarga de esa parte de tu pensamiento, el que se va a encargar de decirle al JEFE:

"Jefe, por aquí vamos bien" o
"Jefe, me parece que nos estamos desviando del OBJETIVO"

Va a analizar lo que hacen el resto de DIRECTORES y lo va a hacer desde ese punto de vista que hemos dicho.

Por ejemplo, aunque lo veremos después imagínate que el DIRECTOR FINANCIERO dice siempre:

"No hay dinero para esto, no hay dinero para lo otro..."

Deberá ser el DIRECTOR ESTRATÉGICO el que dictamine qué inversiones son fundamentales para acercarnos al SUEÑO y cuáles pueden esperar.

O el que se encargue de decir:

> "Jefe, necesitamos más dinero para llegar al sueño, ya sé que el DIRECTOR FINANCIERO dice que no hay, pero quizá debería dedicarse a buscar dinero para hacer el SUEÑO realidad"

Y luego el JEFE que decida.

Este DIRECTOR ESTRATÉGICO es FUNDAMENTAL, porque si su trabajo no es acertado, podemos entrar en una dinámica en la que estemos dando palos de ciego, trabajando exhaustivamente, invirtiendo grandes recursos, pero con un destino equivocado.

 **¿Recuerdas el ejemplo de ir a Barcelona?**

El DIRECTOR ESTRATÉGICO debe decidir si lo que hacemos nos lleva a Barcelona o nos aleja de Barcelona. (O si en un momento dado debemos desistir de ir a Barcelona e ir a París... quien sabe)

También es el encargado de hacerles ver a los demás DIRECTORES cuál es la ESTRATEGIA, y que la ESTRATEGIA está por encima de todo.

Puede, sin embargo, pasar una cosa: que la ESTRATEGIA sea errónea, y debe ser el JEFE, junto con el DIRECTOR ESTRATÉGICO, analizando toda la información que le den el resto de DIRECTORES, el que decida si hay que cambiar la ESTRATEGIA.

Por ejemplo, imagínate que tienes que vender aparatos que envíen FAXES, y que tu estrategia es vender un aparato de envío/recepción de FAX a todos los negocios de España y ofrecerles un servicio de mantenimiento integral.

Si tu departamento comercial te dice que tus clientes han empezado a cambiar los FAXES por una nueva tecnología que se llama ESCÁNER, el DIRECTOR ESTRATÉGICO y el JEFE deben analizar las implicaciones que tiene para vuestro NEGOCIO y decidir si se mantiene la ESTRATEGIA (vender aparatos de envío y recepción de FAXES y su mantenimiento integral) o es necesario cambiarla.

EL DIRECTOR COMERCIAL

Una vez que hayamos pasado de ESPECIALISTAS a EMPRENDEDORES, debemos tener claro que no tendremos un NEGOCIO si no conseguimos INGRESOS, y no tendremos INGRESOS si no conseguimos CLIENTES.

Parece lógico, ¿verdad?

Pues para eso está un DIRECTOR COMERCIAL, para conseguir CLIENTES.

¿Y cómo se consiguen los clientes?

Lo primero que debemos tener claro es que un CLIENTE nos va a COMPRAR algo para satisfacer una NECESIDAD que tenga,

"Si no tiene necesidad, no nos va a comprar"

En el momento actual, ya no vale lo que en los años 80 del siglo pasado se llamó GENERAR NECESIDADES, que hacía que, simplemente con tener un producto bueno (a veces no hacía falta ni que fuera bueno), ya te encargarías de VENDERLO como fuera, y hacerle ver a los CLIENTES que lo NECESITABAN.

El mundo comercial ha cambiado, y ahora es el momento de que DETECTES qué NECESIDADES tienen los CLIENTES y, una vez que lo sepas, le ofrezcas una SOLUCIÓN que satisfaga dicha NECESIDAD.

Parece bastante fácil, el problema es que, para conseguirlo debes utilizar una serie de RECURSOS para INVESTIGAR el MERCADO.

 ¿Y qué es el mercado?

El MERCADO es el conjunto de CLIENTES y PROVEEDORES que existe para un determinado SECTOR PRODUCTIVO, o un determinado PRODUCTO o SERVICIO.

Por ejemplo, si quieres vender CERVEZA, debes tener en cuenta cual es el MERCADO de la CERVEZA, es decir:

— Quién COMPRA cerveza,
— Quién la FABRICA,
— Quién la DISTRIBUYE,
— Quién la VENDE y
— Qué comportamiento tiene el MERCADO, es decir, si está creciendo la OFERTA de cerveza (los que fabrican, distribuyen y/o venden), la DEMANDA (los que compran), o ambas.
— Además, debes saber a qué PRECIO venden la cerveza TODAS las empresas que venden cerveza del mercado,
— Y CUÁNTO fabrican, venden y/o distribuyen cada uno.
— Y todo eso lo deberías analizar GEOGRÁFICAMENTE, en cada una de las regiones que te puedan interesar.

 **Muchas cosas hay que investigar, ¿verdad?**

Pero esa investigación es solo recopilar DATOS, lo realmente IMPORTANTE es que, cuando sepas todo eso, te preguntes:

 **¿Qué necesitan los CLIENTES que no se ofrezca en el mercado?**

La contestación a esta pregunta va a determinar tus posibilidades de éxito. Por ejemplo, los CLIENTES pueden NECESITAR y que no se OFREZCA:

— Cerveza más barata,
— Cerveza de importación,
— Cerveza artesanal,
— Sabores distintos,
— Formatos distintos...

Puede ser cualquier cosa, pero lo FUNDAMENTAL es que:

 **"Hasta que no sepamos QUÉ NECESITAN LOS CLIENTES QUE NO TENGAN, no se lo podemos ofrecer"**

Como vayamos a ofrecer LO MISMO QUE OFRECE EL MERCADO... vamos mal, porque una cosa debes tener clara, si su NECESIDAD está satisfecha, es MUY DIFICIL que cambien.

Si tengo una cerveza que me encanta, a un precio razonable, en la presentación adecuada y siempre disponible en todos los centros de distribución de mi zona de influencia...

¿Por qué voy a comprar otra cerveza?

Es la obligación del DIRECTOR COMERCIAL buscar esa respuesta, y cuando la tenga, decírsela... al CONSEJO DE ADMINISTRACIÓN.

Pero...

¿No sería suficiente con que se lo dijera al DIRECTOR ESTRATÉGICO y al JEFE para que tomasen una decisión sobre si lo que los CLIENTES necesitan nos ayuda a conseguir nuestro SUEÑO?

Pues no, porque esa cerveza que necesitan los clientes y no tienen, debe ser producida (DIRECTOR DE PRODUCCIÓN), va a necesitar RECURSOS y PERSONAS para producirla (DIRECTOR DE RRHH), esa producción debe ser financiada (DIRECTOR FINANCIERO) y debe ser distribuida con un precio determinado (DIRECTOR DE MARKETING).

 **¿Te das cuenta cómo todo está relacionado?**

Una vez que haya investigado el MERCADO, el DIRECTOR COMERCIAL tiene que hacer su labor principal, y esa labor no es otra que VENDER, y para VENDER va a necesitar también a los otros DIRECTORES.

Por eso, el siguiente DIRECTOR que vamos a ver es el:

DIRECTOR DE MARKETING

Este DIRECTOR se va a encargar de viarias cosas, entre ellas:

— Posicionar tu MARCA en el MERCADO,
— Participar en la definición y diseño de los PRODUCTOS y/o SERVICIOS que satisfagan la DEMANDA INSATISFECHA.
— Encontrar los CANALES de DISTRIBUCIÓN para esos PRODUCTOS o SERVICIOS,
— Se va a encargar de PUBLICITARLOS,
— De desarrollar la IMAGEN DE MARCA y de EMPLEADOR,
— Y se va a encargar de definir cuál es el mejor PRECIO para esos PRODUCTOS o SERVICIOS.

Para poder desarrollar todas estas tareas, va a necesitar saber:

— qué es lo que estamos produciendo,
— qué es lo que vende la competencia y a qué precio,

- cómo es el trato que los vendedores dan a los clientes y el servicio post-venta,
- la calidad de los productos o servicios,
- cómo son percibidos por el cliente...

Además, va a necesitar **RECURSOS** para desarrollar su actividad por lo que, cuando vaya al **CONSEJO DE ADMINISTRACIÓN**, se tiene que relacionar con:

- El **JEFE**, para contarle todo lo que necesita su departamento.
- El **DIRECTOR ESTRATÉGICO**, para que este decida si lo que está haciendo está favoreciendo la consecución del **SUEÑO**.
- El **DIRECTOR COMERCIAL**, para que le ponga al día de cómo van las ventas, lo que demandan los clientes y su satisfacción.
- El **DIRECTOR DE PRODUCCIÓN**, para que le hable de los productos, fechas de entrega, ritmos de producción, stock...
- El **DIRECTOR FINANCIERO**, para que le dé dinerito y le ayude a definir un precio para los productos que sea competitivo y que sirva para ganar dinero a la **EMPRESA**...
- Y el **DIRECTOR DE RRHH** para que le aporte **PERSONAS** y forme a las que ya tiene para hacer su trabajo lo mejor posible.

DIRECTOR DE PRODUCCIÓN

Bien, ya sabemos lo que quieren los **CLIENTES**, ya sabemos cómo hay que **PROMOCIONARLO**, **VENDERLO** y hacérselo llegar, y ya sabemos qué PRECIO es competitivo dentro del mercado para buscar el posicionamiento ESTRATÉGICO que hemos definido.

 **Ahora toca fabricarlo**

Y cuando hablo de fabricarlo, también me refiero a producirlo si es un bien, o diseñarlo si es un servicio... Hagamos lo que hagamos, ya sea vender un producto o prestar un servicio debemos ponernos la gorra de DIRECTOR DE PRODUCCIÓN para hacerlo realidad.

Además, debemos hacerlo en base a:

— Los requerimientos que le indicamos al CONSEJO DE ADMINISTRACIÓN cuando nos ponemos la gorra de DIRECTOR COMERCIAL y DIRECTOR DE MARKETING.
— Con el presupuesto que nos asigne nuestro DIRECTOR FINANCIERO.
— Que servirá para tener el número óptimo de PERSONAS formadas, motivadas y listas para hacer su trabajo de la mejor manera posible, proporcionadas por el DIRECTOR DE RRHH.
— Y, por supuesto, tiene que estar alineado con lo que nos dice nuestro DIRECTOR ESTRATÉGICO.
— Y tiene que contar con el visto bueno del JEFE.

Mola, ¿verdad?

Pues no te vas a quedar aquí porque para todo lo que hagas, ya sea fabricar un PRODUCTO o prestar un SERVICIO, vas a necesitar una serie de RECURSOS, que van a ser MATERIALES, HUMANOS y FINANCIEROS, para lo cual necesitas otros tres DIRECTORES que se encarguen de proporcionártelos.

DIRECTOR DE COMPRAS (o APROVISIONAMIENTOS)

Vas a tener que hacer una serie de INVERSIONES para poder hacer tu SUEÑO realidad,

? ¿Te acuerdas de las gallinas?

Necesitabas un terreno, un gallinero, pienso, agua...

En el caso de que fabriques algo, puedes imaginar la cantidad de materias primas, maquinaria, logística... que debes adquirir. Y si prestas un servicio, debes tener otra serie de aprovisionamientos, pero siempre vas a necesitar comprar algo (o alquilar o subcontratar, pero le vamos a llamar COMPRAS).

Para poder realizar esos APROVISIONAMIENTOS te tienes que poner la gorra del DIRECTOR DE COMPRAS, el cual se debe encargar de adquirir todo lo que el DIRECTOR DE PRODUCCIÓN le pida y dotar al resto de DIRECTORES de todos los RECURSOS que necesiten:

— los vendedores necesitarán transporte, tabletas, ordenadores,

— el área de MARKETING necesitará hacer campañas comerciales,

— y el JEFE y el DIRECTOR ESTRATÉGICO también necesitarán cositas.

En definitiva, va a ser el encargado de buscar los mejores PROVEEDORES en base a los REQUERIMIENTOS que le soliciten el resto de DEPARTAMENTOS, al PRECIO más competitivo posible, ajustándose al PRESUPUESTO que le asigne el DIRECTOR FINANCIERO.

DIRECTOR DE RRHH

Para hacer que tu SUEÑO se haga realidad, vas a necesitar PERSONAS que se encarguen de trabajar junto a ti para la consecución de ese SUEÑO, y a estas PERSONAS debes FORMARLAS y CAPACITARLAS para que puedan hacer su trabajo de la manera más EFICIENTE posible, y estas PERSONAS suelen tener un DEFECTO: les gusta cobrar su sueldo al final de cada mes ☺.

De todo esto te vas a encargar cuando te pongas la gorrita de DIRECTOR DE RRHH.

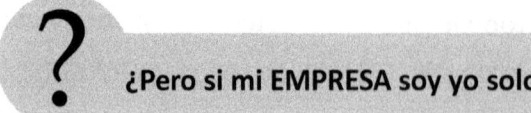
¿Pero si mi EMPRESA soy yo solo?

Incluso en ese extremo, como ya hemos visto anteriormente, debes formarte y capacitarte para poder hacer todas las tareas que hagan tu SUEÑO realidad.

Y en cuanto empieces a CRECER un poquito debes conseguir que tus PERSONAS estén motivadas, formadas, contentas, felices, bien pagadas y que no se te vayan para que no pierdas la INVERSIÓN que has hecho en ellas.

Además debes conseguir:

— Tener un buen EMPLOYER BRANDING, o marca de Empleador (tu DIRECTOR DE MARKETING te lo agradecerá).
— Que los VENDEDORES sean los mejores de tu sector (tu DIRECTOR COMERCIAL te lo agradecerá).
— Que tus TÉCNICOS DE COMPRAS sean los mejores negociadores de tu país (tu DIRECTOR DE COMPRAS te lo agradecerá).
— Que tu PERSONAL OPERATIVO sea el más cualificado y eficiente.
— O que las personas que prestan tus servicios ofrezcan la mejor calidad de servicio del mundo mundial (todos los DIRECTORES te lo agradecerán).
— Que todos se sientan valorados, apreciados, motivados y con un sueldo decente (tu DIRECTOR FINANCIERO te lo agradecerá).
— Y que TODOS (DIRECTORES INCLUIDOS) estén alineados con la ESTRATEGIA de la compañía y remen en la misma dirección para la consecución del OBJETIVO común (tu DIRECTOR ESTRATÉGICO te lo agradecerá).

¿Te parece difícil? Es lo más bonito de todo, trabajar con PERSONAS, te lo aseguro

Y por último, toooooodo esto que hemos visto que necesitamos hacer hay que pagarlo de alguna manera,

¿Y quién se va a encargar de que podamos pagar a TODOS y encima ganar algo de DINERITO para que el JEFE esté☺?

DIRECTOR FINANCIERO

Siempre que hablo con **DIRECTORES FINANCIEROS** les digo lo importante que es su labor, siempre ingrata y siempre en la sombra, ya que tienen la imagen de ser el MALO DE LA PELÍCULA, el que siempre dice:

"No hay dinero"

Cuando en realidad es el MAGO que maximiza los RECURSOS para que TODO sea posible, el que se encarga de buscar dinero debajo de las piedras para poder pagar todo lo que necesitan los demás.

Es ese miembro de la familia (en la mía era mi madre) que ala-aaaaaaarga el dinero de la economía doméstica para que TODOS puedan comprar lo que necesitan.

Cuando te pongas la gorra de DIRECTOR FINANCIERO, te darás cuenta que el DINERO no es un bien escaso, es escasísimo, y vas a incorporar a tu vocabulario una frase que te hará inconfundible:

¿Cuál es el retorno de la inversión?

Es decir, este dinero que invertimos, qué rentabilidad nos va a dar de vuelta.

Porque, a partir de ahora, se acabó el GASTAR, en tu nueva EMPRESA todo se INVIERTE, es decir TODO se utiliza para GANAR DINERO.

¿Recuerdas cuando hablaba de MALGASTAR tu TIEMPO?

A partir de ahora no vas a MALGASTAR NADA, y aunque tu EMPRESA seas TÚ solo y trabajes en tu CASA, tienes que diferenciar lo que va a ser tu economía doméstica y tu EMPRESA.

A partir de ahora, tu mente CAMBIA cuando te pongas en modo EMPRESA. En tu CASA se GASTA, en tu EMPRESA, se INVIERTE.

Por eso es tan importante que hagas esta TONTERÍA de ponerte las GORRAS de cada DIRECTOR.

Este **DIRECTOR FINANCIERO** se encargará de hacer **MILAGROS** para poder producir tu producto o servicio más barato que su precio de venta, por lo que tiene que relacionarse con todos:

— Con el **DIRECTOR DE COMPRAS** para asignarle un presupuesto y decirle si compra caro o barato.
— Con el **DIRECTOR DE PRODUCCIÓN** para pedirle que produzca más barato.
— Con el **DIRECTOR DE MARKETING** para pedirle datos del retorno de la inversión.
— Con el **DIRECTOR COMERCIAL** para pedirle unas ventas mínimas a un precio determinado para hacerlo todo sostenible.
— Con el **DIRECTOR DE RRHH** para coordinar la **INVERSIÓN** en **PERSONAS**, teniendo en cuenta todos los aspectos legales.
— Con el **DIRECTOR ESTRATÉGICO**, que siempre va a exigir que se **INVIERTA** a un ritmo y de manera tal, que se pueda llegar a conseguir tu **SUEÑO**.
— Y, por supuesto, con el **JEFE**, que va a ser el máximo responsable de que llegues a buen puerto y que el barco no se hunda.

 **¿Te ha quedado claro?**

Estas que hemos enumerado son **ALGUNAS** de las múltiples tareas que hay dentro de tu **EMPRESA**, podíamos poner muchas más, pero creo que ya te he asustado demasiado, por lo que, a medida que la lucha por tu **SUEÑO** se vaya cumpliendo **TÚ** serás el encargado de irlas incorporando.

Lo que pretendo mostrarte es que, al comenzar tu EMPRESA, hay múltiples variables que hay que tener en cuenta, no DEBES lanzarte a la AVENTURA a la lucha por tu SUEÑO en un arranque de MOTIVACIÓN.

Y debes interiorizar que tu EMPRESA es como un Fórmula 1:

"Una máquina perfecta, compuesta por miles de piezas, que deben funcionar perfectamente engranadas para la consecución de un objetivo común, llegar el primero a la meta"

Si te pregunto:

¿Qué pieza de un coche de Fórmula 1 es más importante?
¿Qué me contestarías?

Me puedes decir: el motor, las ruedas, el piloto, pero la verdad es que TODAS son IMPORTANTES, y el más mínimo fallo puede hacer que no consigas tu OBJETIVO (si no me crees, pregúntale a Fernando Alonso qué le pasó con una simple tuerca ☺).

Todas las piezas deben trabajar conjuntamente al servicio de tu SUEÑO.

Por eso te voy a volver otra vez a poner la gorra del JEFE, porque esa persona debe ser la encargada de encajar todas las piezas, que funcionen perfectamente y de manera colectiva por ese SUEÑO común.

Y ahí va a estar tu mayor responsabilidad, integrarles a todos, y que SIENTAN tu SUEÑO como suyo propio, y aquí es donde va a ser fundamental la manera que tengas para MANEJAR los cuatro aspectos que te indiqué en los capítulos anteriores:

PERSONAS

Vas a tener que saber tratar con TODAS las personas de tu EMPRESA, hacerles parte de tu SUEÑO y ponerles a trabajar conjuntamente y de la manera más eficiente para la consecución de un OBJETIVO común, para eso no dudes que vas a necesitar la INTELIGENCIA EMOCIONAL y la EMPATÍA.

Debes valorar y entender cómo se SIENTEN todos, tus DIRECTORES, tus COLABORADORES, tus PROVEEDORES y tus CLIENTES, para dirigirte a cada uno de ellos de la manera más adecuada.

Debes generar PASIÓN entre tus PERSONAS, CONFIANZA en tus PROVEEDORES, y mucha SEGURIDAD y FIABILIDAD en tus CLIENTES.

Y para conseguirlo, debes tener EMPATÍA, debes saber cuáles son las MOTIVACIONES de cada uno de ellos, debes saber cómo todas las DECISIONES que tome la EMPRESA les van a hacer SENTIR y actuar en consecuencia.

Si DESCUIDAS en algún momento a alguno de ellos, el EQUILIBRIO de esa maquinaria perfecta se puede ROMPER y provocar que todo se vaya al fracaso más absoluto.

COMUNICACIÓN

No puedes dar las cosas por supuestas, debes COMUNICARLAS... a TODOS:

— A **TODOS** tus **DIRECTORES**.
— A **TODOS** tus **COLABORADORES**.
— A **TODOS** tus **PROVEEDORES**.
— A **TODOS** tus **CLIENTES**.

Debes comunicar **TODO** y a **TODOS**, de la mejor manera posible, siempre con un único **OBJETIVO**, la consecución de tu **SUEÑO**.

LIDERAZGO

Aquí es donde debes hacer el MAYOR de los ESFUERZOS, ya que todas esas PERSONAS, si demuestras tu LIDERAZGO, te seguirán sin ningún tipo de fisuras y sin miramientos, con los ojos cerrados.

Pero si no lo consigues, si generas DESCONFIANZA, si las personas creen que NO les ENTIENDES, que NO te PREOCUPAS por ellos, que NO haces TODO lo que sea posible por AYUDARLES, NO conseguirás que te SIGAN.

Por eso, en este sentido te voy a dar un consejo que, personalmente, me parece lo más IMPORTANTE de todo el libro: (junto con SER AMABLE).

 **LUCHA PRIMERO POR LAS PERSONAS, HAZLAS PARTÍCIPES DE TU SUEÑO, Y TÚ PONTE EN EL ÚLTIMO LUGAR**

Te pido que no lo olvides NUNCA.

VENTAS Y MARKETING

Como hemos dicho, tienes que aprender a VENDER, pero no solo a VENDER PRODUCTOS y SERVICIOS a tus CLIENTES, tienes que VENDER IDEAS, SENTIMIENTOS, PENSAMIENTOS, SENSACIONES, EMOCIONES a todas las PERSONAS que necesitas para que tu SUEÑO se haga realidad, y ya has visto que no son pocas.

Tienes que VENDER tu SUEÑO, tienes que VENDER la ESTRATEGIA, tienes que VENDER las TÁCTICAS a seguir y tienes que VENDER cada una de las ACCIONES que se realicen en tu empresa, para que TODAS las PERSONAS SIENTAN que se hace:

"Por su INTERÉS y para la consecución del OBJETIVO"

Para terminar este capítulo, quiero que reflexiones unos minutos en lo siguiente:

Quiero que pienses en TODAS las tareas que debes realizar y CÓMO las debes encajar, para poner a trabajar todas tus PALANCAS conjuntamente en la consecución de tu SUEÑO.

Una vez que reflexiones sobre ello me gustaría preguntarte:

¿Entiendes POR QUÉ lo PRIMERO que debes hacer, antes de definir tu SUEÑO y decidir que luchas por él de manera IRREVOCABLE, es explorar tu AUTOCONOCIMIENTO y trabajar tu CONTROL EMOCIONAL?

No creas a NADIE que te diga que es FÁCIL, es POSIBLE, SÍ lo es, pero debes TRABAJAR INTENSAMENTE, de manera CONSTANTE en "CAMBIAR... PARA CAMBIAR EL MUNDO".

Ejercicio 17

Muy bien, con todo lo que hemos visto, vas a trabajar en **MONETIZAR** tu sueño, así que tienes que empezar a concretar cosas, y te voy a pedir que lo hagas de la manera más clara y concisa posible.

Yo te voy a acompañar en cada paso explicándotelo con el ejemplo de las **GALLINAS**.

Así que, coge el cuaderno y empieza a escribir:

1) En primer lugar, quiero que escribas **QUÉ VAS A OFRECER AL MUNDO**, un producto, un servicio, lo que tengas en mente, ten en cuenta que para poder **MONETIZAR,** alguien tendrá que pagar por lo que le vas a ofrecer.
   Yo voy a ofrecer al mundo huevos frescos de gallina de campo.

2) Muy bien, ahora imagínate tus **CLIENTES**, ¿los ves?
   Escribe quién va a ser tu **CLIENTE**, a quién te vas a dirigir para que compre tu producto o tu servicio, cuanto más especifiques mejor. No es lo mismo escribir "el mundo mundial" que "empresas madrileñas con más de 50 empleados que se dedican a la fabricación de bebidas alcohólicas", por ejemplo.
   Mi **CLIENTE OBJETIVO** va a ser:
   Personas del sur de la Comunidad de Madrid que les guste comer productos orgánicos.

3) Ya tienes tus **CLIENTES** o quienes te gustaría que lo fueran.
   Ahora debes ver **POR QUÉ** te van a comprar esos clientes tu producto en vez de a tu **COMPETENCIA**.

Para que te compren pueden pasar dos cosas, que tu **PRODUCTO** sea único, es decir, que no exista en el mercado, o que sí exista y haya otras empresas que lo ofrezcan.

En el caso de que sea único, define con gran claridad cuál es tu **PROPUESTA DE VALOR**.

¿Pero... qué es la **PROPUESTA DE VALOR**?

TU PROPUESTA DE VALOR es la respuesta a la siguiente pregunta: ¿Qué problema o necesidad de tus clientes vas a satisfacer?

Imagínate que eres ese **CLIENTE** que sueñas que lo sea,

¿Cómo va a mejorar tu **PRODUCTO** o **SERVICIO** su **VIDA** o **ACTIVIDAD PROFESIONAL**?

Y en el caso de que ya exista y entres en un mercado en el que tienes competencia...

¿Cómo mejora tu **PRODUCTO** o **SERVICIO** lo que ya existe?

Mi **PROPUESTA DE VALOR** es:

Huevos de corral en tu mesa en menos de dos días desde su puesta.

4) Muy bien, ya sabemos lo **QUÉ VENDES**, a **QUIÉN** se lo vendes y qué **VALOR** le va a aportar lo que vendes a tu **CLIENTE**.

   Ahora quiero que escribas dos cosas relativas a tu relación con el cliente:

   En primer lugar, cómo les vas a enamorar, es decir, cómo vas a llegar a ellos, les vas a vender y les vas a fidelizar.

   En segundo lugar, a través de qué **CANALES** les vas a ofrecer tus servicios, se los vas a **VENDER** y se los vas a **ENTREGAR**.

   No es lo mismo que tengas una red de comerciales que visitan las empresas, recogen pedidos y una flota de transporte entregue el producto. A que, simplemente, vendas tu producto por una web y se lo envíes por mensajero. O vendas tu producto a través de un intermediario y ellos se encarguen de entregarlo y venderlo. Es tu decisión y debes escribirlo.

En nuestro ejemplo:

Vamos a llegar a nuestro **CLIENTE** *a través de tiendas gourmet y mercados de cercanía.*

Estos recibirán los huevos a demanda del **CLIENTE**:

— *porque el* **CLIENTE** *los pide a través de nuestra web y se lo entregamos en su mercado o tienda de confianza para que lo recoja,*

— *o porque lo pide a dicha tienda, la cual nos lo solicita a nosotros a través de la web o el teléfono"*

Nuestro sistema de distribución será diario a los **INTERMEDIARIOS.**

5) Bien, ya tienes **CLIENTES**, ya les has **ENAMORADO**, ya les has **VENDIDO**, les has prestado el **SERVIVIO** o entregado el **PRODUCTO**... pero falta **COBRAR**.

¿De dónde sacamos el dinero?

Parece un poco tontería, pero... no todos los negocios sacan el dinero de donde crees.

¿De dónde saca el dinero un periódico? ¿Y una televisión? ¿Y Facebook?

Aquí debes escribir de dónde vas a sacar el dinero y cómo vas a cobrar, si en efectivo, con tarjeta, contra reembolso, por transferencia a 30, 60, 90 días, por anticipado (imagínate que haces reformas de viviendas, a lo mejor tienes que cobrar el 50% de anticipo para materiales y el 50% al concluir), todo eso debes tenerlo en cuenta.

Nosotros:

Tenemos varias maneras de cobro, por anticipado a través de la web por parte del cliente con tarjeta de crédito, o en efectivo a través del intermediario contra entrega del producto.

6) Muy bien, ya sabes quién es tu **CLIENTE**, tu **PROPUESTA DE VALOR**, los **PRODUCTOS** o **SERVICIOS** que le vas a **VENDER**, sabes cómo te vas a **RELACIONAR** con él, qué **CANALES** vas a utilizar en toda tu relación y cómo le vas a **COBRAR**, en tiempo y forma.

    Ahora vas a hacer eso realidad, para lo que debes utilizar una serie de **RECURSOS**.

    Lo primero que quiero que escribas son los **RECURSOS CLAVE** para poder ofrecer tu **PROPUESTA DE VALOR**.

    Aquello que tienes que tener **SÍ** o **SÍ**. Pueden ser **RECURSOS PRODUCTIVOS** y/o **PERSONAS**.

    En mi ejemplo: Mi propuesta de valor eran huevos recién puestos de gallinas de campo, en tu mesa en menos de dos días desde su puesta.

    Los recursos clave serían:

    Un terreno, un gallinero, las gallinas, pienso, agua y una persona que cuide de las gallinas. Un sistema de recepción de llamadas por teléfono, un sistema de recepción de pedidos web, y una furgoneta para distribuir los huevos a los intermediarios.

7) Ahora tienes que definir qué **ACTIVIDADES** van a ser las **CLAVE** de nuestro negocio, es decir, las que necesitamos para comenzar a tener ingresos.

    En nuestro ejemplo:

Las actividades son la cría de gallinas ponedoras, recolección de huevos, recepción de pedidos y distribución de los huevos.

8) Piensa en los **SOCIOS** que vas a necesitar para llevar tu **PROYECTO** a buen término.
   Aquí debes tener en cuenta a todos los **PROVEEDORES** que van a hacer que tu negocio se haga realidad.
   En nuestro caso necesitamos:
   — *quien nos venda las gallinas (porque las vamos a comprar de 16 semanas, cuando vayan a comenzar a poner y ya estén vacunadas),*
   — *una tienda que nos distribuya el pienso para las gallinas,*
   — *una compañía que nos suministre teléfono e internet,*
   — *una plataforma de venta on-line,*
   — *un banco que nos aporte una cuenta de cobro on-line,*
   — *y una red de distribuidores que nos ayude a hacer llegar los huevos al cliente, que hemos dicho que van a ser mercados de cercanía y tiendas gourmet.*

9) Y por último, y lo más importante, cuánto **DINERO** necesitamos, cuánto nos va a costar todo y de **DÓNDE** vamos a sacar el dinero.
   En nuestro ejemplo de las gallinas puedes volver a revisar el modelo de costes que ya te explicamos en el capítulo que comenzamos a hablar de nuestra "granja de gallinas" ☺.
   Para contestar a estas preguntas, a lo mejor necesitas un poco de tiempo, no te preocupes, pero es importante que pienses en estas cosas y seas lo más específico posible, a fin de cuentas, estamos haciendo tu **SUEÑO** realidad, y para eso, debes **MONETIZARLO**.

29 | El Plan

 **¡¡¡Enhorabuena, ya tienes tu PLAN DE NEGOCIO!!! ¿Ya? ¿Seguro?**

Efectivamente, si has hecho todos los ejercicios que te he planteado, tienes una IDEA de CÓMO vas a desarrollar tu NEGOCIO, tu EMPRESA, para pasar de ser un SOÑADOR a un EMPRENDEDOR.

Ya has hecho lo más difícil, porque ahora solo tienes que darle forma, y eso es lo más fácil.

Anteriormente te hablé de la metodología CANVAS. Esta metodología no es más que PLASMAR de una manera VISUAL todo lo que tu MENTE ha conseguido CREAR.

Ese modelo te va a ayudar a tener SIEMPRE una idea muy clara y una imagen gráfica de lo que es tu PLAN NEGOCIO, aunque lo que realmente importa es que lo tengas SIEMPRE en tu cabeza.

 **¿Recuerdas cuando te hablaba de tener FOCO?**

Así que, como te prometí que te iba a enseñar a hacerlo, si has hecho los ejercicios que te he planteado es todo muy FÁCIL, solo vas a tener que seguir 3 pasos:

1) Ir a una papelería y comprar un tablero, o una cartulina grande y unos rotuladores para tablero o cartulina.
2) Dibujar un Cuadro así.

8 SOCIOS	6 ACTIVIDADES CLAVE	2 PROPUESTA DE VALOR	3 RELACIÓN CON CLIENTES	1 CLIENTES
	7 RECURSOS CLAVE		4 CANALES	
9 COSTES			5 INGRESOS	

3) Rellenar los 9 apartados del **LIENZO** con la información que hemos recopilado en el ejercicio anterior.

Porque lo realmente importante es que tú tengas muy claras varias cosas:

¿Cuál es tu **SUEÑO**? **IDEA**.

1) ¿A quién va a beneficiar ese **SUEÑO**? **CLIENTES**.
2) ¿Cómo ese **SUEÑO** va a beneficiar a tus **CLIENTES**? **PROPUESTA DE VALOR**.
3) ¿Cómo te vas a relacionar con ellos? **RELACIÓN CON CLIENTES**.

4) ¿Cómo les vas a proporcionar tu SUEÑO? CANALES.
5) ¿Cómo les vas a cobrar? INGRESOS.
6) ¿Qué actividades tienes que desarrollar para hacer ese SUEÑO realidad? ACTIVIDADES CLAVE.
7) ¿Qué recursos necesitas para poder llevar a cabo tu SUEÑO? RECURSOS CLAVE.
8) ¿Qué personas te tienen que ayudar? SOCIOS.
9) ¿Cuánto te va costar todo y cómo lo vas a financiar? COSTES.

Este PLAN DE NEGOCIO va a ser DINÁMICO, porque a

"Caminar se aprende Caminando" y "se hace camino al andar",

Por eso, si tienes FOCO, cada paso que des te va a indicar si vas por el camino adecuado o no.

Para ello recuerda que debes desarrollar tu TRIDENTE DE PENSAMIENTO (ESTRATÉGICO, TÁCTICO y OPERATIVO).

Has diseñado una ESTRATEGIA y el día a día te va a decir los CAMBIOS y AJUSTES que debes hacer en cualquiera de los tres niveles, ya sea porque:

— La operación no sale como lo has planeado
— Los pasos para llegar a tu destino no son los correctos o los más eficientes,
— O simplemente porque has diseñado un modelo que la realidad te dice que no es viable y debes hacer los AJUSTES y MODIFICACIONES oportunos.

No dudes que has hecho lo más DIFÍCIL:

— En primer lugar, has logrado dibujar tu SUEÑO,
— En segundo lugar, has tomado la decisión IRREVOCABLE de luchar por él,
— Y por último, has decidido formarte de todas las maneras posibles para dotarte a ti mismo de HERRAMIENTAS y PALANCAS necesarias, para que te ayuden a hacer tu SUEÑO realidad y has diseñado un PLAN para llegar a MONETIZAR ese SUEÑO.

A partir de ahora, lo único que te queda por hacer es TRABAJAR, TRABAJAR y TRABAJAR, pero si estás en este punto, te aseguro que estás muchísimo más cerca de tu SUEÑO de lo que imaginas e INFINITAMENTE más cerca del mismo que todas las personas que no se ATREVEN ni siquiera a SOÑAR.

No pienses que lo que te queda ahora es IMPOSIBLE, has hecho una parte muy importante del trabajo, porque todo este trabajo de diseño del PLAN es fundamental para no comenzar a dar PALOS DE CIEGO.

Te pongo el ejemplo de un cumpleaños en el que te ponen la piñata, te tapan los ojos y te dan un palo para que golpees dicha piñata, puedes gastar muchas energías intentando acertar en algo que no ves.

Sin embargo, si te quitas la venda de los ojos tienes más posibilidades de acertar. Eso es lo que ha hecho el PLAN, quitarte la venda de los ojos y permitirte ver las cosas con más claridad.

 **¿Lo que he hecho hasta ahora va a asegurarme el ÉXITO?**

No, para nada, pero si tienes la venda lo único que sabes es que no estás acertando.

Sin la venda, sabes si tienes que apuntar más a la izquierda, más a la derecha, es decir, sabes qué ajustes tienes que hacer para alcanzar tu OBJETIVO, tu SUEÑO.

Así que, nuevamente te doy la enhorabuena, has conseguido plasmar tu SUEÑO en un PLAN que se puede hacer realidad.

No dudes que has hecho lo más aburrido y sacrificado, has hecho todo el trabajo más ingrato, todo el trabajo que no se ve, todo el trabajo que Daniel hacía con Miyagi y que le hizo estar preparado para su gran combate.

A partir de ahora viene lo DIVERTIDO, lo APASIONANTE, el verdadero RETO, que es:

— VIVIR la LUCHA por tu SUEÑO cada día.
— VER cómo se va haciendo realidad,
— SENTIR que día a día estás más cerca,
— ENTENDER cómo las herramientas que he puesto a tu disposición lo hacen todo un "poquito" más fácil y
— SER FELIZ, porque la FELICIDAD debe ser el motor que te ayude a seguir cada día.

 **Tu objetivo no es llegar a cumplir tu SUEÑO para ser FELIZ, el objetivo es SER FELIZ mientras luchas por conseguir tu SUEÑO.**

Porque no dudes nunca que lo importante es hacer bien el camino y disfrutarlo. Tu actitud, si has hecho todos los ejercicios, es la correcta, porque significa que quieres hacer las cosas BIEN, que no confías en la SUERTE, sino en el TRABAJO y en la PLANIFICACIÓN.

Por eso ahora, en tu camino de Madrid a Barcelona, solo debes disfrutar del viaje, sentir el aire en tu rostro, el sol sobre tu piel, disfrutar del paisaje que ven tus ojos, las personas que conocerás en el camino y el aprendizaje que cada segundo de tu nueva VIDA va a provocar en ti.

Pero no te voy a dejar aquí, antes de que sigas tu CAMINO tu SOLO, nos quedan unas cuantas cosas más por hacer.

Una que te corresponde a ti, y varias que me corresponden a mí.

30 Crece, crece y crece

Ya tienes tu **PLAN DE NEGOCIO** estructurado, ese **PLAN** que debes tener **SIEMPRE** presente, en tu **MENTE** y en tu **ALMA**, en el que tienes, en cada momento, que **PENSAR** y **SENTIR**, ya que va a ser tu **GUÍA** en todo tu **CAMINO** de consecución de tu **SUEÑO**.

Pero no te vas a quedar ahí, ya verás, porque no te vas a conformar.

Si has conseguido plasmar de una forma realista lo que quieres conseguir y cómo lo vas a conseguir, vas a seguir un proceso "adictivo", porque "acabas de dar a luz".

> **?** ¿Dar a luz? ☺

Sí, porque **EMPRENDER** hacia la consecución de un **SUEÑO** es como tener un hijo, es un proyecto de **VIDA**.

Por eso te decía que era **IRREVOCABLE**, igual que tener un hijo, es para toda la **VIDA**.

Si eres **EMPRENDEDOR** va a ser así, para toda la vida, porque aunque fracases una, y otra, y otra vez, te levantarás y lo verás todo como etapas de la lucha por tu **SUEÑO**.

 **Recuerda, inténtalo 10 veces, aunque fracases las primeras 9** ☺

De eso se va a encargar tu **TRIDENTE DE PENSAMIENTO**, tendrás tu **ESTRATEGIA**, y desarrollarás tus **TÁCTICAS** para hacerlo realidad, y cuando tus **ACCIONES** fracasen, modificarás esas **TÁCTICAS** y ajustarás la manera de llegar a tu **SUEÑO**, pero **NUNCA** te rendirás.

Porque cuando decides tener un hijo, tendrás días buenos, días malos, aciertos, errores y fracasos, pero pase lo que pase, **NUNCA** te plantearás abandonarlo, porque es tu proyecto de **VIDA**, al igual que tu lucha por tu **SUEÑO**.

Por eso, acabas de dar a luz tu **PROYECTO**, ya eres un **EMPRENDEDOR**, y ahora tienes que hacer **CRECER** tu negocio, al igual que acompañas a tu hijo en su **CRECIMIENTO** y **DESARROLLO**.

Y, al igual que lo haces con un hijo, a medida que el niño va creciendo, tú vas perdiendo protagonismo.

 **¿Qué quiero decir?**

Que cuando tienes un niño vas pasando por una serie de etapas en las que tu rol va **TRANSFORMANDOSE**:

— Al principio es totalmente dependiente de ti (bueno y de otra persona, normalmente).

- A medida que el niño va creciendo, otras personas intervienen en su educación, formación, desarrollo personal y vital.
- Y llega un momento en el que solo te dedicas a observar cómo crece y vive, asegurándote que lo hace de una manera correcta y sin intervenir demasiado.
- Y si la naturaleza y la vida siguen su curso, llegará un momento que tu hijo no te tendrá a tu lado nunca más, no porque no quiera, sino porque no es posible.

Pues lo mismo va a pasar con tu empresa, al principio lo eres TODO para ella, desarrollas la ESTRATEGIA, planeas las TÁCTICAS y ejecutas la OPERACIÓN, lo haces absolutamente TODO.

Pero a medida que el PROYECTO crece y que el SUEÑO se va haciendo realidad, tienes que empezar a DELEGAR.

Al principio DELEGARÁS la OPERACIÓN, igual que delegas la educación de tus hijos, su sanidad...

Posteriormente delegarás las TÁCTICAS, ya no te tendrás que poner las gorras de todos los directores, sino que serás solo el JEFE, escuchando lo que todos te dicen que hay que hacer y tú tomarás las decisiones.

Esto tiene su analogía en la adolescencia de los niños, ellos comienzan a diseñar sus propios planes y nosotros tomamos las decisiones importantes para que no se desvíen del camino marcado.

Fíjate que en el CONSEJO DE ADMINISTRACIÓN pasa lo mismo, ellos te dirán sus puntos de vista y tú tomarás las decisiones, y puede que no todos los DIRECTORES estén de acuerdo con las decisiones que tomas (Igual que tu hijo adolescente no está de acuerdo con las decisiones que tomas para él).

Es en esta fase cuando debes desarrollar al máximo la INTELIGENCIA EMOCIONAL, la EMPATÍA, la COMUNICACIÓN, el LIDERAZGO, y tu capacidad de VENDER porque:

— Tendrás que VENDER a tus DIRECTORES tus decisiones,
— Tendrás que ENTENDER qué es lo que necesitan escuchar,
— Tendrás que COMPRENDER cuáles son sus MOTIVACIONES,
— Tendrás que demostrar LIDERAZGO para continuar firme hacia el SUEÑO cuando seas el único que lo vea,
— Pero sobre todo, tendrás que VENDER a todos los DIRECTORES tu VISIÓN, que no es otra cosa que tu CAMINO hacia el ÉXITO, hacia la realización de tu SUEÑO.

Lo mismo que pasa con un hijo adolescente, debes entenderle, debes aprender a hablar con él e identificar cuáles son sus motivaciones, deberás demostrar LIDERAZGO por encima de todo, para ser firme en tu camino y que él te vea como una fuente de inspiración y como un ejemplo a seguir y deberás VENDERLE las ideas, no imponérselas, para que te las COMPRE y no las rechace (y no cambie de compañía ☺).

Y por último, llegará un momento en que seas prescindible, y ya no tengas un cargo OPERATIVO, entonces te harán PRESIDENTE de la compañía, serás una persona respetable, el fundador de la empresa, escucharán tu voz, pero no tendrás poder de decisión.

Nuevamente pasará lo mismo con tu hijo, te irá a ver, te pedirá consejo, te escuchará, pero tomará sus propias decisiones.

Y si has hecho las cosas bien, un día desaparecerás y la EMPRESA seguirá como ha pasado en tantas y tantas empresas exitosas.

 **¿Cuántas empresas conoces que su creador no vive?**

Igual que un día tú morirás y tus hijos seguirán con sus vidas.

Lo importante, tanto en tu EMPRESA como con tus HIJOS, es que consigas CREAR un LEGADO que perdure más allá de tu vida.

Entonces, si cuando tenemos un hijo lo tenemos tan claro, tengámoslo también con nuestro NEGOCIO, ¿no crees?

A lo mejor leyendo estas frases piensas que me he "flipado demasiado", pero te voy a contar una cosa.

Afortunadamente, he pasado los últimos 17 años de mi vida, conociendo, visitando y trabajando con muchísimas empresas, de muchos países, varios continentes, culturas diversas y, prácticamente, todos los sectores productivos.

En muchas de ellas he tenido la suerte de conocer a su fundador, y todos estos fundadores tienen una cosa en común:

Todos consideran a su EMPRESA como un HIJO, como un proyecto de VIDA.

De eso te das cuenta cuando les visitas y siempre te muestran su EMPRESA, sus INSTALACIONES, sus PERSONAS y te cuentan la historia de cómo fueron los comienzos (siempre difíciles) y cómo, poco a poco, con ESFUERZO, CONSTANCIA, DETERMINACIÓN, PASIÓN y SOÑANDO mucho, mucho, mucho, muchísimo, han llegado hasta donde están.

En todos los ojos de esas personas he apreciado siempre lo mismo, ORGULLO, de lo que han conseguido, de su obra y de cómo todo lo que un día CREARON, ha crecido desde que era un bebé.

Pues eso pasa igual con un hijo,

> **?** ¿O no te sentirías SIEMPRE orgulloso de tu hijo, haga lo que haga, pase lo que pase, aunque te enfades con él, le regañes, le corrijas y muchas veces te disgustes porque las cosas no salen como tú quieres?

Pues claro que sí, por eso, tanto en un caso como en el otro, si te SIENTES tan orgulloso, díselo, no va a ser un signo de debilidad, al contrario, va a ser un signo de LIDERAZGO.

Dile a tu hijo lo ORGULLOSO que te sientes de él, y a tus PERSONAS, a aquellas que te han acompañado en tu SUEÑO día a día, lo ORGULLOSO que estás de ellos.

En resumen, prepárate para que tu "hijo" crezca y, a medida que lo vaya haciendo, APRENDE a DELEGAR, al principio la OPERACIÓN, después la TÁCTICA y por último la ESTRATEGIA para que tu creación pueda, un día, volar sola aunque tú ya no estés.

Al igual que los hijos no son de tu propiedad, sino que son un préstamo que la vida nos da, tu SUEÑO tampoco es de tu propiedad, le pertenece a todos los que un día decidieron unirse a ti y acompañarte en tu barco, remando todos hacia el mismo lugar.

Tu legado será que tu SUEÑO trascienda más que tu propia VIDA. Si lo consigues, entonces podrás llamarte a ti mismo EMPRESARIO.

31 | LOLA, PEPE y CARMEN

Ya estamos llegando a la parte final del libro, pero aún quedan muchas cosas interesantes por descubrir juntos.

Una de ellas es la resolución de las historias de nuestros amigos, **LOLA, PEPE** y **CARMEN**.

> **?** ¿Quieres que te cuente qué pasó con ellos y cómo están luchando por conseguir sus SUEÑOS?

Pues vamos allá.

LOLA

Si recordáis a **LOLA**, vivía en Bogotá, y con 35 años se quedó sin empleo.

Después de buscar sin éxito trabajo "de lo suyo" durante mucho tiempo, decidió que quería hacer algo en su vida relacionado con el deporte.

No sabía muy bien qué hacer, pero como el deporte le hacía mucho bien emocionalmente para combatir todas las dudas, inseguridades e incertidumbres que le provocaba su situación de desempleo, decidió aprender todo lo posible sobre deporte, preparación física, nutrición... y hacerse una EXPERTA.

Ese día, ella decidió que tenía que poner todo su FOCO en el deporte y, a partir de entonces, igual que las mujeres embarazadas empiezan a ver mujeres embarazadas, bebés y todo lo relacionado con la gestación, maternidad y lactancia por cualquier sitio al que van, ella empezó a ver DEPORTE por todos los lados.

Además, decidió que su HOBBIE iba a ser su manera de vivir, por lo que decidió que iba a ponerle toda la INTENSIDAD que se mereciera. Debido a esto, iba todos los días al gimnasio, estaba allí varias horas y empezó a conocer mucha gente, conoció al dueño del gimnasio, a los monitores, a las personas que daban clases específicas (aerobic, fitness, cardio, tono...) y, por supuesto, a muchísimas PERSONAS que acudían al gimnasio, unas a diario, otras con cierta regularidad y muchas... de vez en cuando.

Como tenía FOCO en lo que realmente quería, intentaba aprender de TODO y de TODOS, se convirtió en una esponja que se empapaba del conocimiento que le daban los profesionales, los clientes del gimnasio y, cuando no estaba en el gimnasio, profundizaba en su aprendizaje, porque todos los días descubría alguna cosa nueva que alguien le contaba y su FOCO e INTENSIDAD le hacían que, inmediatamente, se pusiera a devorar toda la información que había en las redes, libros especializados, foros, blogs...

Su sabiduría aumentó tanto que ya no era ella la que preguntaba, sino que cuando alguien tenía alguna duda de algo o quería saber algo de alguna cosa relacionada con el entrenamiento, nutrición, salud... todo el mundo le decía:

 **"Pregúntale a Lola, que ella es la que más sabe"**

Y ella, gustosamente, ayudaba a todo el que le preguntaba.

Tal era su manera de tratar a las personas y sus ganas de ayudar a los demás que, en poco tiempo, las personas ya le preguntaban directamente, todos sabían que LOLA era la persona indicada para ayudarles.

Muchas veces habréis escuchado que:

 **La suerte no existe, simplemente es cuando la preparación y la oportunidad se encuentran.**

Pues eso fue lo que le pasó a LOLA. Un día, una clienta del gimnasio le dijo:

"Lola, me encanta venir al gimnasio, pero no soy constante, además no sé cómo realizar una planificación a largo plazo, de manera integral para cambiar mi físico, mi estilo de vida, mi salud, mi nutrición... ¿Yo te podría contratar para eso?"

En ese momento LOLA se dio cuenta que había avanzado un paso enorme, estaba en el momento de dejar de ser ESPECIALISTA y poder llegar a monetizar su SUEÑO y su pasión, de llegar a ser EMPRENDEDORA.

LOLA le dijo que, antes de darle una respuesta, debía analizar si tenía los conocimientos suficientes para hacerlo y debía valorar cuál sería el precio de sus servicios.

Lo siguiente que hizo **LOLA** fue investigar:

— ¿Qué era un Personal Trainer?
— ¿Qué era lo que hacían?
— ¿Cómo funcionaban?
— ¿Cuánto cobraban?
— ¿Con quién tenían que aliarse?

Al día siguiente, **LOLA** le dijo a su clienta que **SÍ** lo podía hacer, que le cobraría una cantidad determinada mensual, lo cual su clienta aceptó, pero que antes de comenzar tenía que hacer un par de gestiones, debía darle una semana de tiempo.

En esa semana, **LOLA** habló con la gerencia del gimnasio al que acudía, le planteó lo que quería hacer y le pidió permiso para utilizar sus instalaciones para hacerlo. El gerente, en vez de decirle que sí, le propuso un acuerdo de colaboración.

Ella pagaría al gimnasio una cantidad mensual por desarrollar su actividad en sus instalaciones, pero el gimnasio le pagaría otra cantidad por cada cliente nuevo que consiguiera traer al gimnasio.

LOLA ya tenía su primer socio.

Y así comenzó su actividad como entrenadora personal y empezó a tener más clientes, unos por el boca a boca y otros gracias a la publicidad que ella tenía en sus perfiles de redes sociales, en las que diariamente publicaba fotografías de lo que hacía y compartía artículos de salud y nutrición.

Ya tenía dos fuentes de ingresos, sus **CLIENTES** le pagaban directamente y el **GIMNASIO** le pagaba todos los meses, ya que consiguió llevar una cantidad enorme de clientes nuevos.

Además, gracias a la **MARCA PERSONAL** que estaba desarrollando, las empresas de distribución de alimentos nutricionales y dietéticos se interesaron por ella, y le dijeron:

*"**LOLA**, ¿te apetece ser colaboradora nuestra? Para ti resultaría muy sencillo, en vez de decirle a la gente lo que debe tomar y donde comprarlo, ¿Por qué no se lo vendes tú directamente?"*

Y así lo hizo, vendía directamente a sus clientes y también vendía productos a través de su página web, ya que aumentó su presencia en Internet y pasó de tener perfiles a tener su propia web.

Y tal fue su **ÉXITO** que se planteó que debía **CRECER**.

> **?** ¿Y cómo lo hizo?

LOLA consiguió ser la distribuidora en exclusividad para Colombia de una firma de productos dietéticos y nutricionales, y creó un modelo de crecimiento basado en franquicias, teniendo en la actualidad más de 100 franquicias repartidas en todo el país.

Además, creó una academia de Entrenadores Personales, donde muchas personas aprenden la manera en la que **LOLA** comenzó a ayudar a los demás.

Pero no paró aquí, porque LOLA tiene una red de gimnasios en todo el país, donde suelen trabajar las personas que aprenden su metodología en su academia.

LOLA es una eminencia en su país en lo que se refiere a entrenamiento, nutrición y salud, y tiene apariciones constantes en radio, televisión y ha escrito ya 5 libros que se han convertido en éxito de ventas.

En definitiva, LOLA comenzó a hacer deporte porque era lo único que le hacía sentir bien debido a su situación de desempleo, un día decidió que quería que su afición fuera su SUEÑO y se propuso luchar por ello y, a día de hoy, a pesar de todo lo que ha conseguido, sigue luchando por su SUEÑO, con el mismo esfuerzo, determinación e ilusión que el primer día.

PEPE

Nuestro amigo tenía la espinita clavada de que quería hacer el Camino de Santiago aunque fuera una vez en su vida, por lo que empezó a recopilar información sobre el Camino, su Historia, las distintas rutas que hay, cómo prepararse, las mejores fechas del año para hacerlo...

Una vez que entendió que estaba totalmente preparado, hizo su Camino de Santiago y tuvo lo que para él fue la mejor experiencia de su vida, que le sirvió no solo para pasar unas vacaciones, hacer deporte, turismo y conocer nuevos sitios y nuevas gentes, sino como un espacio de recogimiento y reflexión para encontrarse consigo mismo.

A partir de este momento decidió hacer de su **HOBBIE** su profesión, así que empezó a darle vueltas a su cabeza para encontrar la manera de **MONETIZAR** su idea.

Lo primero que hizo fue crear una página web de "amigos del camino de Santiago" donde se recopilara información, comentarios y experiencias sobre el Camino.

Esto le sirvió para dos cosas, en primer lugar, generar una base de potenciales clientes, un público objetivo segmentado, y por otro lado, para aprender mucho más sobre el Camino.

Lo siguiente que hizo fue aprender sobre coaching y desarrollo personal, hasta el punto que se hizo un experto, y posteriormente encontró la manera de combinar ambas cosas.

En la actualidad, **PEPE** se dedica a organizar talleres de desarrollo personal que se realizan en tramos del Camino de Santiago, a lo largo de una semana, dos semanas... hasta un mes en su versión más larga.

Estos talleres van dirigidos a ejecutivos, directivos, parejas, y personas comunes (dependiendo del grupo, se desarrolla una metodología u otra) que buscan una experiencia única, de manera que puedan hacer el Camino con alguien que les guíe y que les ayude a resolver sus problemas.

Estos talleres no solo los desarrolla **PEPE**, de hecho él se limita a hacer un par de ellos al año por pura afición o diversión, tiene una serie de instructores que los hacen para su empresa.

La mayoría de estos instructores los encontró gracias a la página web que él creó y que es el mayor punto de encuentro de los aficionados del Camino de Santiago en todo el mundo. ¿Qué te parece?

CARMEN

Y para terminar, te voy a contar como se está desarrollando en la actualidad la historia de **CARMEN**.

Si recuerdas, se quedó sin trabajo con 45 años, en los peores momentos de la crisis en España y con muy pocas expectativas de volver a encontrar un empleo, por varios factores: su edad, la situación económica del país, el ritmo de destrucción de empleo...

Ella decidió que iba a hacer todo lo posible por encontrar un empleo, de tal manera que todo lo que pudiera hacer, de una manera u otra, lo iba a intentar.

Iba a aprender todo sobre portales de empleo, sobre Redes Sociales de búsqueda de empleo, sobre entrevistas de trabajo, Marca Personal, Cómo hacer un curriculum... para ponerlo todo en práctica y tener, a partir del día que se quedó sin trabajo, un trabajo a tiempo completo, buscar trabajo.

Esta búsqueda incesante y este interés continuo por aprender le hizo convertirse en una **ESPECIALISTA** en lo que a búsqueda de empleo se refiere, tanto que empezó a ser muy conocida en el ámbito de la orientación laboral, ya que escribía artículos en un blog, hacía seminarios sobre búsqueda de empleo y colaboraba con todo el que solicitaba su ayuda.

Hasta que un día decidió que debía dar un paso más y **MONETIZAR** su idea, hacerse **EMPRENDEDORA**.

Nuestra amiga **CARMEN** creó entonces su página web, en la que comenzó a publicar artículos, buscó colaboradores que publicaran también dicha web a cambio de publicidad gratuita y, poco a poco, su página se volvió una referencia en todo el mundo de habla hispana en lo que a la búsqueda de empleo se refiere.

A partir de aquí, muchísimas asociaciones, lanzaderas de empleo, agencias, portales de empleo... la contrataron para dar charlas, conferencias, impartir talleres e incluso publicó varios libros, por lo que empezó a vivir de su SUEÑO.

En la actualidad CARMEN sigue desarrollando esa actividad, pero su empresa de CONSULTORÍA da trabajo también a muchos de estos colaboradores que, un día, comenzaron a ayudarla en la construcción de su SUEÑO.

Al final, todos están trabajando conjuntamente por la consecución del SUEÑO de CARMEN, por lo que la VISIÓN que tuvo CARMEN, hoy en día, es más importante que ella misma.

Como ves, estos son unos pocos ejemplos reales de personas que NUNCA pensaron que fueran a montar una EMPRESA, pero que un día se permitieron SOÑAR y en vez de esconder su SUEÑO en un rincón, decidieron LUCHAR por él.

Por ponerte un último ejemplo, comentarte que el caso de las gallinas es real y que su dueña está produciendo huevos de campo de muchísima calidad, con una demanda que hace que su producción no sea suficiente para satisfacerla, y está en el proceso de aumentar su producción.

Si me dejas que te dé un dato curioso, el PLAN ECONÓMICO FINANCIERO que te expliqué de las gallinas, con su estructura de costes unitarios por huevo y todo lo que hablamos, lo elaboramos en 30 minutos en una cafetería de Bogotá, por lo que no penséis que las cosas son IMPOSIBLES, solo hay que tener las ideas muy claras y ponerse a trabajar.

Esa servilleta se pasó a una tabla **EXCEL**, ese **EXCEL** formó parte de un **PLAN DE NEGOCIO** (en modelo **CANVAS**) y ese **PLAN DE NEGOCIO** se llevó a un Banco que está financiando la expansión y profesionalización de la pequeña explotación de gallinas familiar.

Y tú me puedes preguntar:

 **¿Y no conoces a NADIE que haya FRACASADO?**

Y mi respuesta es **SÍ**, pero te voy a matizar la respuesta. Conozco a dos tipos de personas:

En primer lugar conozco a una cantidad relativamente pequeña de personas que se han equivocado, no una, sino muchas veces, pero que siguen adelante. Se pueden haber equivocado en uno, varios o todos los pasos del proceso, pero no se han rendido, por lo que esas personas, para mí, **NO HAN FRACASADO**, porque siguen su camino de aprendizaje que las llevará al **ÉXITO**.

En segundo lugar: **SÍ** conozco a **MUCHAS** personas que han **FRACASADO**, pero su **FRACASO** no es porque se hayan equivocado, sino porque se han **RENDIDO**, no comenzaron con el suficiente **COMPROMISO** y **DETERMINACIÓN**, o un día decidieron que **NO QUERÍAN SEGUIR LUCHANDO**.

32 | Realismo Creativo

En el proceso de creación de este libro, he tenido muchas dudas sobre DÓNDE situar este capítulo, ya que, como vas a ver, está muy relacionado con la primera parte del libro, cuando hablábamos del AUTOCONOCIMIENTO.

Sin embargo, cuando el libro ya estuvo terminado, en una de las varias reescrituras que hice decidí situarlo en la parte final, debido a la importancia que tiene, y porque creo que, después de haber hecho todo el camino que has recorrido hasta ahora, lo vas a entender mucho mejor y le vas a encontrar mucho más sentido.

Hace aproximadamente 5 años, un compañero de trabajo me dijo que yo era la persona más POSITIVA que se había encontrado en toda su vida, lo cual por un lado me halagó, pero por otro lado me hizo reflexionar...

> **?** ¿Eso es bueno o es malo?

Si recuerdas, cuando hablábamos de los ESTADOS EMOCIONALES, te indicaba que hay veces que puedes estar inmerso en profundos estados de DEPRESIÓN en la que lo puedes ver todo bastante negro, y otras veces puedes estar en momentos grandes de EUFORIA que te hacen pensar que eres INVENCIBLE.

También te conté cómo mi abuela siempre decía:

> "Nunca tomes una decisión importante en tu vida cuando estés triste o eufórico"

A partir del momento en que mi compañero me hizo ese comentario, comencé a explorar un poco más mis sentimientos, mis emociones y a identificar si "a veces" era DEMASIADO POSITIVO.

Quiero que tengas en cuenta que NO CREO en:

> "Ponte en lo peor"

NI en:

> "No te hagas demasiadas ilusiones y así no te decepcionarás"

NI en:

> "No te montes el cuento de la lechera"

Pero SÍ CREO en:

 "No vendas la piel del oso antes de cazarlo"
¿Qué quiero decir con esto?

Como has visto en este libro, hay miles de cosas, muchísimas más de las que piensas que puedes controlar:

— lo que SIENTES,
— lo que PIENSAS,
— lo que PLANIFICAS,
— tu manera de aprovechar el TIEMPO,
— tu CONOCIMIENTO,
— la manera de RELACIONARTE con otras personas,
— cómo inspirar CONFIANZA,
— cómo COMUNICARTE mejor,
— VENDER mejor,
— tu LIDERAZGO...

En fin, tienes mucho por mejorar y cuanto más te preocupes por hacerlo, mejor te irán las cosas, o por lo menos, tendrás más CONTROL, que ya sabes cuánto le gusta a tu CEREBRO RACIONAL.

Sin embargo, hay otras muchas cosas que se escapan de tu CONTROL, y hay muchas veces que las cosas son IMPOSIBLES, por mucho que quieras empeñarte en lo contrario.

Por eso, desde ese día que me dijeron que era la persona más positiva que habían conocido, comencé a desarrollar mi teoría del REALISMO CREATIVO.

 **¿Y qué es el REALISMO CREATIVO?**

Es una forma OPTIMISTA de ver la realidad, sin caer en la EUFORIA, o el POSITIVISMO SIN SENTIDO.

Se basa en que, ante cualquier PROBLEMA, en vez de buscar culpables o quejarnos, debemos ver si hay una SOLUCIÓN: si la hay, SOLUCIONARLO, si no la hay, no empeñarnos en un IMPOSIBLE y desechar la idea, porque:

— Quejarnos NO nos va a aportar NADA.
— Si seguimos adelante nos daremos cabezazos contra un MURO, y el MURO suele ganar a la CABEZA ☺.

El mecanismo es el siguiente:

— Se basa en que debes ANALIZAR la REALIDAD y ver si, con los RECURSOS que tienes a tu alcance, PUEDES hacer lo que te plantees.
— Si la respuesta es AFIRMATIVA, ve a por ello, porque LO PODRÁS HACER.
— Si la respuesta es NEGATIVA, debes plantearte si lo podrías hacer con otros RECURSOS QUE NO TIENES, y si en este

caso la respuesta es **POSITIVA, ANALIZAR** si podrías tener esos **RECURSOS**.

 **Te he hecho un lío, ¿cierto?**

Voy a intentar explicarlo otra vez, de una manera más sencilla para que lo entiendas mejor, pero es que de vez en cuando me gusta hacerme el culto y emplear palabras técnicas para que parezca que sé de lo que hablo ☺.

El mecanismo **MENTAL** es muy sencillo, ante una **SITUACIÓN** te tienes que preguntar:

— ¿Lo puedo hacer?
— Si tu respuesta es **SÍ**... hazlo.
— Si tu respuesta es **NO**, continúa la frase con... **A NO SER QUE**...
— Si después de decir **A NO SER QUE, NO** puedes continuar la frase, **DESECHA** la idea.
— Si después de decir **A NO SER QUE, SÍ** puedes continuar la frase, entonces lo puedes hacer, lo que pasa es que no tienes los **RECURSOS** suficientes.
— Entonces te debes preguntar... ¿Puedo buscar los **RECURSOS**?
— Si la respuesta es **SÍ**... **BÚSCALOS** y **HAZLO**.
— Si la respuesta es **NO**, entonces **DESHECHA** la idea.

 **¿Te he liado aún más?** ☺

Veamos un ejemplo para aclararlo un poco.

— Imagínate que estamos a finales del siglo XIX.
— Y yo te pregunto: ¿Los seres humanos pueden volar?
— ¿Cuál es la respuesta inmediata con los **RECURSOS** que había? **NO**.
— Ahora vamos a introducir el **REALISMO CREATIVO**.
— ¿Los seres humanos pueden volar?
— **NO... A NO SER QUE...** usemos alguna máquina que los propulse.
— ¿Podemos hacer una máquina que propulse a un hombre a volar?
— **NO... A NO SER QUE**, le pongamos un motor.
— Solo con un motor ¿podríamos hacer a un hombre volar?
— **NO... A NO SER QUE**, pudiéramos controlar el vuelo.
— ¿Podríamos controlar el vuelo aprovechando la fuerza del viento?
— **NO... A NO SER QUE** entendamos cómo vuelan los pájaros. (Aerodinámica).
— ¿Si entendiéramos cómo se propulsan los pájaros, cómo controlan el vuelo y pudiéramos generar suficiente propulsión y tuviéramos mecanismos para ejercer ese control... podría el hombre volar?
— La respuesta es **SÍ**.

Es decir, hay que analizar si con los **RECURSOS** que tenemos podemos hacer las cosas, y si no, pues preguntarnos si podemos encontrar esos **RECURSOS**.

Otro ejemplo más cotidiano.

Imagínate que tengo 100 € en el Banco y quiero comprar mil gallinas (acuérdate que cada gallina costaba 12€ euros)

- ¿Puedo comprar mil gallinas?
- **NO**... a no ser que... alguien me preste 12.000 €.
- ¿Mi familia tiene 12.000 €? **NO**.
- ¿Mis amigos tienen 12.000 €? **NO**.
- ¿El banco tiene 12.000 €? **SÍ**.
- ¿El Banco me prestaría 12.000 €? **NO, A NO SER QUE**... le demuestre que se los puedo devolver.
- ¿Se lo puedo demostrar? **SÍ**, haciendo un **PLAN ECONÓMICO FINANCIERO**.
- Pues ya sé, tengo que demostrarle al Banco que puedo devolverle el dinero, por lo que voy a hacer un **PLAN ECONÓMICO FINANCIERO**.

Y así con todo, la clave es encontrar los **RECURSOS**.

El problema es que "casi" siempre **CREES** que los **RECURSOS** es **DINERO**, cuando no es así, el **DINERO** solo es un medio para intercambiar **RECURSOS**.

Recuerda algunos **RECURSOS** que tienes a tu alcance aunque no tengas **DINERO**:

- Conocimientos.
- Personas.
- Maquinaria.
- Tecnología.
- Infraestructuras.
- Mercados.
- Materias Primas...

Acuérdate del MODELO CANVAS y vamos a encajarlo con el REALISMO CREATIVO:

- lo primero que hacías era definir tu SUEÑO,
- luego buscar tus CLIENTES,
- definir tu PROPUESTA DE VALOR,
- cómo iba a ser tu RELACIÓN con esos CLIENTES,
- a través de qué CANALES te ibas a relacionar con ellos,
- definías cuales eran tus ACTIVIDADES necesarias para poder ofrecerles lo que NECESITAN.

Y DESPUÉS:

- Definías cuales eran los RECURSOS que necesitabas.
- Quién te iba a ayudar.
- Cómo ibas a obtener DINERO y cuánto te iban a costar esos RECURSOS.

Si aplicamos el REALISMO CREATIVO:

— ¿Sé lo que quiero hacer? SÍ.
— ¿Existen los recursos para hacerlo? SÍ.
— ¿Tengo el dinero para conseguir esos RECURSOS? NO, a no ser que...
— Me los preste un banco, me los de un inversor, los aporte un socio...

En definitiva:

"Si existen los RECURSOS, lo puedes hacer, solo hay que encontrar la manera de conseguir esos RECURSOS"

Y recuerda que el DINERO no es el RECURSO, es la manera de conseguir más RECURSOS, por lo que, cuando NO TENGAS DINERO, piensa:

"NO eres POBRE, lo único que NO tienes es DINERO, pero tienes muchos otros RECURSOS, aprovéchalos para ganar DINERO o para cambiarlos por otros RECURSOS"

33 | Recapitulemos

En este punto, seguro que estás un poco desbordado por todas las cosas que te dicho que tienes que hacer para luchar por tus SUEÑOS.

Si recuerdas, al comenzar el libro te dije que no creyeras a aquellos que te dicen:

 ¡Animo, tú puedes, SOLO hay que querer hacerlo!

Y te dije que no les creyeras, a pesar de que estoy de acuerdo en "casi" toda esa frase.

Te animo a que lo hagas, a que LUCHES por tus SUEÑOS.

Tú PUEDES, claro que SÍ, todos podemos hacer cosas EXTRAORDINARIAS, en esta vida no hay SUPERHOMBRES, todos nacemos bebés y la naturaleza nos regala unos RECURSOS distintos a unos y a otros, es nuestra decisión cómo los APROVECHAMOS.

Si quieres que te lo diga de otra manera, la vida es una partida de cartas, cada uno decide cómo jugarla con las cartas que le han tocado.

Una cosa quiero que tengas clara, no siempre el que tiene mejores cartas gana la partida, y puedes ganar tu partida aun teniendo cartas "de mierda", solo hay que saber jugarlas y tener un poco de suerte, pero recuerda que la suerte es cuando se juntan la **PREPARACIÓN** y la **OPORTUNIDAD**.

Hay que querer hacerlo.

Eso es algo fundamental, **QUERER** hacer las cosas, la **VOLUNTAD** que tengas, porque ese será el motor de tu fórmula 1. Te voy a decir una cosa:

"Ante cualquier situación puedes encontrar mil excusas para no hacer las cosas, pero hay algo que supera a todas esas excusas: QUERER HACERLO".

Y recuerda, que **SI SE PUEDE HACER** (aunque no se haya hecho nunca) **PUEDES HACERLO. (REALISMO CREATIVO).**

Lo único con lo que **NO** estoy de acuerdo de la frase es con lo de...

SOLO

— **SOLO** con **QUERER** no lo vas a conseguir.
— **SOLO** con **VOLUNTAD** no lo vas a conseguir.
— **SOLO** con **ILUSIÓN** no lo vas a conseguir.
— **SOLO** con **MOTIVACIÓN** no lo vas a conseguir.
— **SOLO** con **TRABAJO** no lo vas a conseguir.

Para conseguir tu SUEÑO te debes llenar de una serie de RECURSOS, HERRAMIENTAS y PALANCAS que hemos visto en este libro y que vamos a repasar:

1) Empieza a CONOCERTE, te conoces mucho menos de lo que crees.
2) Entiende tus EMOCIONES, lo que SIENTES ante determinadas SITUACIONES y cómo tus emociones te hacen REACCIONAR de manera automática.
3) Explora y conoce tus MIEDOS, y tus reacciones cuando tienes MIEDO.
4) Enfréntate a tus MIEDOS y aprende a hacer las cosas que te dan MIEDO.
5) Conoce tus INSEGURIDADES.
6) Haz cosas que te hacen sentir SEGURO de ti mismo, y que aumenten tu AUTOCONFIANZA. DEMUESTRATE que PUEDES HACER COSAS INCREIBLES.
7) Cambia tus MIEDOS por ILUSIÓN.
8) Descubre qué es lo que te MOTIVA, lo que te hace PASAR A LA ACCIÓN.
9) Una vez que hayas aprendido a detectar tus EMOCIONES, descubre cómo CONTROLARLAS, utiliza el CONTROL EMOCIONAL.
10) Decide que quieres CAMBIAR y luchar por un SUEÑO, de manera IRREVOCABLE.
11) SUEÑA – Define tu SUEÑO y tu OBJETIVO.
12) Comienza a hacer un PLAN y tenlo siempre en tu cabeza (o en tu pared).

13) Asume que las cosas NO van a salir SIEMPRE como las has PLANIFICADO. Cuando esto ocurra, no te hundas, simplemente AJUSTA el PLAN.
14) Escribe las 4 etapas por las que debes pasar:

> **SOÑADOR–ESPECIALISTA–EMPRENDEDOR–EMPRESARIO**

E identifica SIEMPRE dónde estás y cómo debes actuar en base a tu ROL.
15) Encuentra tu PASIÓN. Si ya sabes qué es lo que te MOTIVA, encuentra una PASIÓN que nunca te deje RENDIRTE.
16) Aprende TODO lo que haya disponible en torno a tu SUEÑO.
17) ENFOCATE en tu SUEÑO para que estés atento a todo lo que sucede a tu alrededor.
18) Aterriza el SUEÑO para hacerlo realidad. Desarrolla tu TRIDENTE DE PENSAMIENTO:

> **ESTRATÉGICO – TÁCTICO – OPERATIVO**

19) Comienza tu proceso de CAMBIO y LUCHA POR TU SUEÑO.
20) Aprende a APALANCARTE, a utilizar todos los RECURSOS que tienes a tu alcance, no lo PUEDES hacer TODO.
21) Aprovecha tu TIEMPO, es tu RECURSO más preciado, ya no tienes que "calentar la silla" 8 horas al día, por lo que: lo que hagas, hazlo con INTENSIDAD. Cambia la CANTIDAD por la CALIDAD.
22) Cuando SIENTAS que estás preparado, MONETIZA tu SUEÑO. Si tienes FOCO, seguro que pasa por delante de ti la manera de hacerlo... APROVECHALA.

23) Explota al máximo tus **RELACIONES PERSONALES**.
24) Desarrolla la **EMPATÍA**, entiende qué **QUIEREN**, qué **NECESITAN**, qué **BUSCAN** y **CÓMO SE SIENTEN** todas las personas con las que te relaciones.
25) Aplica la **INTELIGENCIA EMOCIONAL**.
26) Sé un **LÍDER** en todos los aspectos de tu **VIDA**.
27) Desarrolla tus habilidades de **COMUNICACIÓN**.
28) Aprende a **VENDER**, sobre todo **IDEAS**.
29) **SÉ AMABLE**, merécete este calificativo, sé **DIGNO** de que las personas te **AMEN**.
30) **NADIE** va a venir a **TRAERTE** tu **SUEÑO**, debes **IR** a por él.
31) Aprende todo lo posible de **NEGOCIOS**, entiende **TODO** lo que hacen **TODOS** los departamentos de una **EMPRESA**.
32) A la hora de tomar una decisión ten en cuenta todas las **VARIABLES**, pero una por encima de todo, si te acerca o te aleja de tu **SUEÑO**.
33) Elabora un **PLAN DE NEGOCIO PROFESIONAL**.
34) Asume que tu **SUEÑO** es un proyecto de **VIDA**, igual que un **HIJO**, y déjalo **CRECER**, asumiendo tu rol en cada etapa de **SU** vida.
35) **NO** veas a los demás como tus rivales, aprende de **TODO** y de **TODOS**, de tu **COMPETENCIA** los primeros.
36) **SUEÑA** lo más alto posible, pero en tu día a día utiliza el **REALISMO CREATIVO** para enfrentarte a los **PROBLEMAS**.
37) Busca los **RECURSOS** para hacer tus **SUEÑOS** realidad, están ahí fuera para que los encuentres.
38) **SI NO TIENES DINERO... NO ERES POBRE, LO ÚNICO QUE NO TIENES ES DINERO**.

39) Una cosa muy importante, no permitas que **NADIE** te diga que **NO PUEDES CONSEGUIR TU SUEÑO**, cuando alguien te dice eso está diciéndote que él no sería capaz, **PERO TÚ HAS DECIDIDO QUE SÍ LO VAS A HACER, IRREVOCABLEMENTE.**

No vivas la vida que otros quieren que vivas.

40) Por último... **NUNCA TE RINDAS**, todo lo que pasa es un aprendizaje, igual que no abandonarías a tu **HIJO**, no **ABANDONES** tu **SUEÑO**.

34 ¿Comienzas a Cambiar para Cambiar el Mundo?

Si has llegado hasta aquí, lo único que puedo decirte es una cosa:

¡¡¡¡¡¡¡¡ GRACIAS !!!!!!!!!

Gracias por coger este libro entre tus manos y comenzar a leerlo, gracias por invertir tu **TIEMPO**, que nunca olvides que es tu **RECURSO** más preciado, en leer lo que tenía que decirte, y gracias por creer que **TÚ** eres capaz de tener un **SUEÑO** y de **LUCHAR** por él.

Porque ese camino, el de la **LUCHA** por tus **SUEÑOS**, es un camino que solo **TÚ** puedes recorrer.

Este libro no tiene todas las respuestas que necesitas, esas las iras encontrando en el camino que espero que hayas decidido recorrer, pero sí que tiene muchas de las preguntas que te debes hacer antes de comenzar a luchar por tus **SUEÑOS** y en todo el proceso de búsqueda de tu **FELICIDAD**.

En el libro he compartido contigo varios ejemplos de personas que, un día, decidieron darle forma a su **SUEÑO** y comenzar a **LUCHAR** por él, de manera **IRREVOCABLE**.

Te puedo decir que las conozco a todas personalmente y que son personas muy normales, como tú y como yo, no son **SUPER-HÉROES**, aunque yo sí que considero que una persona que un día toma la decisión de luchar por sus **SUEÑOS**, es un gran **HÉROE**, es el **HÉROE** de su propia **VIDA**.

Al comenzar este libro te dije que tenías dos maneras de leerlo, lo podías hacer todo seguido, o podías trabajar todos los ejercicios que en él te planteo, por lo que, si estás en el primer caso y lo has leído todo seguido, te animo a que compres un gran cuaderno, un buen bolígrafo y que comiences nuevamente desde el principio a trabajar en tu proceso de **CAMBIO**.

Si estás en el segundo caso, ya has leído este libro y has trabajado cada uno de los ejercicios, tienes un cuaderno lleno de **IDEAS**, **PLANES** y **AUTOCONOCIMIENTO**.

? ¡ APROVECHALO !

Todo eso que has escrito eres **TÚ**: son tus **MIEDOS**, tus **INSEGURIDADES**, tus **SUEÑOS**, tus **PLANES**, tus **DESEOS**, tus **INTENCIONES**, tus **HABILIDADES**, tus **CONOCIMIENTOS** y muchas cosas que has dicho que debes hacer en tu camino hacia tu objetivo, hacia tu **SUEÑO**, hacia tu **FELICIDAD**.

Entonces, si has terminado la tarea, te voy a pedir una cosa: que adquieras un **COMPROMISO** contigo mismo. Sitúate en la última hoja del cuaderno y escribe una frase comprometiéndote contigo mismo a hacer lo que has dicho que ibas a hacer.

Pon la fecha y fírmalo, es un CONTRATO que debes cumplir, ya sabes lo que pasa cuando se incumplen los contratos, que se pierde la confianza entre las dos partes. Así que no lo hagas, no incumplas el contrato, el compromiso que has adquirido contigo mismo, porque tus palabras podrán engañar a todo el mundo, pero nunca te podrán engañar a TI MISMO.

Por eso, ese cuaderno tenlo siempre cerca, y revísalo frecuentemente, y cuando pienses que NO PUEDES MÁS, que NO TIENES FUERZAS y que NO PUEDES CONSEGUIRLO, vuelve a la primera página y...

 **Recuerda por qué empezaste a escribirlo**

Recuerda qué fue lo que te MOTIVÓ, recuerda lo que SENTÍAS en ese momento, y haz todo lo que esté en tu mano para recuperar esa SENSACIÓN, porque te dará FUERZAS para seguir adelante.

El CAMINO no va a ser fácil, pero va a ser APASIONANTE, lleno de APRENDIZAJE, de EXPERIENCIAS y de CONOCIMIENTO: de ti mismo, de los demás y del mundo. Un camino que, una vez que lo has empezado a recorrer, se va a convertir en tu manera de vivir, en tu NUEVA VIDA.

Porque si has llegado hasta aquí, si has rellenado tu cuaderno, si has hecho los ejercicios... ya HAS CAMBIADO, ya NO ERES EL MISMO que cuando cogiste este libro entre tus manos, estás en un PROCESO de cambio y transformación para llegar a ser LA PERSONA QUE DESEAS SER.

Y es que el CAMBIO, como hemos dicho, se produce desde DENTRO HACIA FUERA. Por lo que... ¡CAMBIA! Todo lo que puedas y quieras y, cuando estés preparado, no te conformes con HABER CAMBIADO y empieza a CAMBIAR EL MUNDO.

Si recuerdas, en los comienzos de tu PROCESO, te dije que elaboraras una lista sobre cosas que querías hacer para aumentar tu AUTOCONFIANZA.

No la olvides nunca, y pon tu FOCO en hacer todas esas cosas, a lo mejor no la terminarás hoy o mañana, pero tenla SIEMPRE muy presente.

Para que veas lo importante que es, te voy a decir cuál fue mi lista y lo que ha significado para mí en mi proceso de CAMBIO.

La lista que hice en el año 2009 es la siguiente:

1) Correr un maratón.

Fue el punto de inflexión, lo que hizo que me sintiera capaz de hacer todo lo que me planteara, lo que me dio fuerza para CAMBIAR y luchar por mi SUEÑO.

2) Ayudar a las personas.

Sabía que quería ser ÚTIL e importante, que tenía muchas cosas buenas en mi interior que debía REGALARLE al MUNDO, y decidí que lo debía hacer AYUDANDO a las PERSONAS que lo necesitaran.

Lo primero que hice fue dedicar mi carrera a enseñar a gente que lo necesitaba, desempleados, que estaban en una situación difícil y que necesitaban que alguien les dijera que les entendía y que quería ayudarles a salir adelante.

Por eso, la primera manera que encontré de ayudar a las personas, fue impartir cursos para desempleados en la Comunidad de Madrid, a partir de entonces NUNCA he dejado de AYUDAR a las PERSONAS.

3) Aprender a escribir.

Tenía un montón de IDEAS en mi cabeza, pero esas IDEAS no se concretaban, aparecían y desaparecían… y entonces entendí que todos tenemos cosas increíbles en nuestro interior, y que debemos REGALÁRSELAS al MUNDO.

Pero debemos escribirlas, y que el tiempo no se las lleve, por eso un día decidí que quería aprender a escribir.

Y como a escribir se aprende escribiendo, comencé a escribir un blog. Seis años después de eso, sonrío cuando leo mis primeros post, ya que estaban llenos de intenciones, pero la manera de expresarlo era… bastante mejorable.

Con el tiempo todo se va puliendo, uno aprende a caminar, a correr, a saltar. A día de hoy, no sé si escribo de una manera excelente, pero sí mucho mejor que al principio y, en general, estoy satisfecho.

(Cuando lea esto dentro de unos años, me volveré a reír por la manera en que escribo en el año 2016, seguro ☺). De hecho, este texto es la segunda edición y me he reído con todas las correcciones que he tenido que hacer respecto a la primera.

4) Irme a vivir al extranjero.

Lo necesitaba: para FLUIR, para VOLAR, para CRECER, para SENTIRME yo mismo.

Si recuerdas, te dije que la primera vez que hice un taller de emprendimiento, ninguno de mis alumnos emprendió.

En ese taller yo les decía a los más jóvenes que no se quedaran en casa viendo la vida pasar, que si España en ese momento no les daba oportunidades hicieran la maleta y se fueran a buscarlas.

Tenía que dar ejemplo, por lo que fui yo el primero que me marché, a Colombia, al otro lado del mundo a CRECER como PROFESIONAL, pero sobre todo como PERSONA.

Con el tiempo, he visto cómo muchos de mis alumnos decidieron emigrar y buscar un futuro mejor (y muchos emprendieron, afortunadamente).

5) Conocer lo máximo posible de otras culturas.

Porque no se puede uno quedar en Fontibón (esa gracia solo la entiende Sandra Sánchez). Quiere decir que hay que levantar los ojos y MIRAR, OBSERVAR, VER, ENTENDER, APRENDER.

No somos el centro del universo, y no podemos INFLUIR en los demás si no dejamos que todo EL MUNDO NOS INFLUYA, si no aprendemos de TODO y de TODOS.

Afortunadamente la vida me regaló la posibilidad de conocer muchísima gente, muchísimas culturas y, con toda la humildad del mundo, aprender de todos ellos.

Es increíble cómo **CRECES** cuando te **ENRIQUECES** con personas y culturas nuevas.

Te das cuenta que, en el mundo, hay miles de maneras de afrontar la vida, pero si te paras a pensar, todas ellas tienen una cosa en común:

> Todas las personas se levantan por la mañana y se acuestan por la noche, intentando buscar un mundo mejor, para ellos y para las personas a las que AMAN.

Por eso, cuanto más **AMES**, más fácil te resultará conseguir un **MUNDO MEJOR**, más sencillo será **CAMBIAR EL MUNDO**.

6) Hacer algo grande profesionalmente.

Y, afortunadamente, tuve la oportunidad de participar en el diseño, desarrollo y ejecución del Mecanismo de Protección al Cesante en Colombia.

Gracias a mi experiencia ayudando a desempleados, tuve la oportunidad de contribuir a que las personas que pierden el empleo en Colombia reciban protección social y puedan encontrar un nuevo empleo y, esta vez, desde el punto de vista del diseño estratégico (fue increíble ☺).

7) Tener hijos.

Porque mi vida se tenía que completar y estaba seguro que, por muchas MOTIVACIONES que tuviera, tener hijos iba a hacer que me planteara la vida de otra manera.

Y así fue, en octubre del año 2014 nacieron mis mellizas Noa y Alexandra, las niñas más bonitas del mundo entero (que voy a decir yo que soy su padre) y que son el MOTOR de mi vida. Las que, cuando pienso que NO PUEDO MÁS, me hacen seguir adelante, me hacen seguir luchando por mis SUEÑOS.

8) Crear mi empresa.

Te dije que solo una persona de todas las que estábamos en ese primer taller de EMPRENDIMIENTO lo hizo, y encima el problema es que esa persona fui YO, ¿recuerdas?

A partir de ese momento comencé la búsqueda de la respuesta a mi gran pregunta:

 ¿En qué he fracasado?

Y el tiempo me dio esas respuestas. El problema es que, como hemos visto, EMPRENDER debe ser un PROCESO, el cual he intentado explicarte en todo este libro.

Un PROCESO de CAMBIO que uno decide empezar IRREVOCABLEMENTE, porque si eso no existe, NUNCA podrás EMPRENDER, por muchos talleres de EMPRENDIMIENTO a los que acudas.

Por eso, en mi proceso de CAMBIO, no monté mi empresa el primer día, sino que seguí todo el camino que te he contado en este libro:

— Primero definí mi SUEÑO.
— Posteriormente me convertí en ESPECIALISTA de ese SUEÑO.
— Continué MONETIZANDO ese SUEÑO y viviendo de él.
— Y por último CREÉ mi propia empresa, para que mi SUEÑO siguiera creciendo.

Así surgió NASH, la empresa que se encarga, día a día, de hacer realidad ese SUEÑO que un día tuve, AYUDAR A LAS PERSONAS, y que espero ver CRECER cada día, al igual que veo CRECER a mis hijas.

Para que veas que todo tiene sentido y que las cosas surgen cuando tienen que surgir, cuando la PREPARACIÓN y la OPORTUNIDAD se encuentran, me gustaría que supieras que NASH nació en el momento justo, no podía haber sido ni antes, ni después, y por eso me gustaría explicarte el significado del nombre, NASH, que no es otro que:

— Noa (mi hija mayor).
— Alexandra (mi hija pequeña, por 3 minutos).
— Sonia (mi mujer).
— Héctor (que soy yo).

Mi familia, que es la mayor MOTIVACIÓN de mi VIDA.

9) Volver a España.

Sí, porque el día que me fui, dije lo que un día me dijo mi abuela:

 ¡Me voy... pero volveré! (ella lo dijo mucho antes de Terminator ☺).

El día que marchamos a Colombia dijimos a España hasta luego porque sabíamos que, después de hacer la tarea, volveríamos a casa.

El problema es que Colombia nos enamoró: el país, su tierra, su cultura, sus personas... y además nos regaló "dos preciosas rolitas". Pero eso no puedo desprenderme de Colombia y, aunque hemos vuelto a casa, sigo viajando todos los meses para allá. Es muy curioso trabajar en dos países a la vez, uno en cada lado del Atlántico.

 ¡Qué pequeño es el mundo! ¡Y qué bueno es "salir de Fontibón"!

10) Escribir un libro.

Porque un día decidí que quería APRENDER a ESCRIBIR, porque un día decidí que quería AYUDAR a las PERSONAS, porque sé que dentro de mí hay millones de cosas que REGALAR al MUNDO, y porque quería que la MANERA DE HACERLO fuera esa: Escribiendo un libro.

Cuando escribí esta tarea en la lista la puse la última, porque me parecía mucho más IMPOSIBLE que todo lo demás, más que el maratón, más que hacer cosas grandes profesionalmente, más que irme al extranjero y más que tener hijos (y eso que no tenía ni novia). Pero hoy lo he hecho, y sé que me va a servir para cumplir día a día LO ÚLTIMO QUE ME PROPUSE.

¿Pero no eran 10 cosas en la lista?

Sí, pero cuando escribí esa LISTA en ese CUADERNO, cogí mi BOLÍGRAFO, hice un círculo que rodeara dicha lista y encima del mismo escribí, con letras bien grandes: CAMBIAR EL MUNDO.

Porque quería que todo lo que hiciera sirviera para cambiar el mundo.

¿Cómo hacerlo?

No tenía ni idea, pero si miro atrás veo que ese ha sido mi FOCO, todo lo que he hecho ha sido con ese objetivo: CAMBIAR EL MUNDO.

Como sabes, un día, después de haberlo escrito, me di cuenta que quería CAMBIAR EL MUNDO... A TRAVÉS DE LAS PERSONAS que en él están, y ese fue, desde ese momento, mi OBJETIVO último.

Ese y no otro es el criterio que evalúa mis acciones, porque desde entonces, siempre, cuando tomo alguna decisión o hago cosas importantes, me pregunto:

 **¿Esto me acerca o me aleja de mi objetivo, de CAMBIAR EL MUNDO?**

Puedes pensar que es muy **LOCO** y **AMBICIOSO** mi objetivo: **CAMBIAR EL MUNDO**.

 **¡Reconócelo, lo piensas, no pasa nada!**

Si recuerdas, te dije hace poco que **SOÑARAS**, y que **SOÑARAS ALTO**, y también te dije que, en tu día a día, aplicaras el **REALISMO CREATIVO** para alcanzar tu **OBJETIVO**, ese **SUEÑO**, cuanto más **ALTO**, mejor.

Yo hago lo mismo, no vivo en un mundo de **FANTASÍA**, soy muy **REALISTA** en mis decisiones, pero los **RECURSOS** para **CAMBIAR EL MUNDO** están a mi disposición, por lo tanto lo único que hago es **IR A BUSCARLOS**.

Hoy, escribiendo la explicación de este último punto que **RODEABA** mi **LISTA DE TAREAS** estaba intentando encontrar las palabras adecuadas para explicártelo, sin que pensaras que era demasiado "flipao" cuando me planteo **CAMBIAR EL MUNDO**, y de repente he recibido un mensaje que decía:

"Héctor, me has dejado sin palabras. Sólo te puedo decir que me has emocionado, no sabes cuánto. Estos meses han sido un regalo, por conocer a personas como tú, que tanto aportan y

suman. Disfruta mucho las vacaciones con tu familia y, en septiembre, seguiremos todos juntos creciendo, enamorando y siendo enamorados. Un besazo".

Este mensaje me lo ha enviado Susana Álvarez Fernández, que es compañera mía en "La Nueva Ruta Hacia el Empleo", un SUEÑO que, un día, un gran LOCO llamado José Ramón Villaverde decidió hacer REALIDAD, y en el que colaboramos un gran número de profesionales de diversos sectores.

Para mí, hacer SENTIR eso a las personas es CAMBIAR EL MUNDO, porque sé que estoy aportando mi granito de arena para que esa persona CAMBIE EL MUNDO.

Por lo tanto, te NECESITO para cumplir mi SUEÑO, y por eso NECESITO que luches por los tuyos, por tus SUEÑOS.

Así que cierra los ojos y SUEÑA FUERTE, MUY FUERTE.

Porque NO CREAS a los que te dicen que es muy FÁCIL, que puedes hacer lo que quieras SOLO con planteártelo.

Efectivamente, tú PUEDES conseguirlo, pero SOLAMENTE si tienes la DETERMINACIÓN suficiente para establecer un SUEÑO, un OBJETIVO claro y LUCHAR por él con FUERZA, con CONSTANCIA, con SACRIFICIO y con mucha ILUSIÓN.

Y para eso tienes que SOÑAR fuerte, muy fuerte, muy fuerte, para que ese SUEÑO te dé fuerzas para hacer TODO LO DEMÁS.

Por ponerte un último ejemplo y cumplir con un último compromiso que adquirí contigo, te voy a contar que este libro se comenzó a fraguar hace más de dos años, y he hecho varios intentos de escribirlo antes de hacerlo realmente.

 **¿Y por qué no PUDE hacerlo?**

Porque la PLANIFICACIÓN no fue la adecuada, pensé que podría escribir el libro en mis ratos libres, o dedicando una hora de mi jornada laboral.

No ha sido hasta que realmente entendí que debía depositar todas mis energías y toda mi concentración en estructurar, recopilar información, escribir, borrar, desechar, volver a escribir... cuando realmente he sido capaz de hacerlo.

Para ello he tenido que hacer un proceso como el que hemos visto de planificación y ejecución, de tal manera que el año 2016 decidí RENUNCIAR a muchas cosas en mi vida, incluso a casi todas las vacaciones de verano en la playa con mi mujer y mis hijas, y quedarme en Madrid poniendo el FOCO en la escritura de este libro para ti y ha sido entonces, cuando he seguido el PLAN, cuando realmente he conseguido escribirlo.

Este último ejemplo me ha ayudado a reafirmarme en todo lo que hemos hablado en este libro, que los SUEÑOS se pueden cumplir, pero que no se cumplen solos, solo se pueden cumplir a base de planificación, esfuerzo, sacrificio, constancia e ILUSIÓN.

Te puedo asegurar que un día del año 2009 tomé una decisión IRREVOCABLE, de la que NUNCA me he arrepentido, y que me ha traído momentos BUENOS, REGULARES, MALOS y MUY MALOS, como todos los que tenemos en la vida.

He reído, he llorado, he sufrido, he disfrutado, me han dado ganas de RENDIRME muchísimas veces y ABANDONAR, pero afortunadamente no lo he hecho, y te puedo asegurar que si tienes este libro en tus manos, y has llegado hasta esta página, mis SUEÑOS se están haciendo REALIDAD.

Con la máxima HUMILDAD que existe en mi corazón y con mi más sincero AGRADECIMIENTO por dedicar tu tiempo a leer lo que tengo que contarte, te envío un fuerte abrazo y te animo a que, si no lo has hecho aún, comiences tu proceso de CAMBIO interior.

Recuerda que, como dijimos al principio, el CAMBIO tiene que producirse de DENTRO hacia AFUERA, por lo que si te ha resultado útil este libro, te pido que no te quedes ahí y que lo compartas con otras personas que creas que les puede ayudar.

Por último, te agradecería que, a través de todas las vías de contacto que pongo a tu disposición, me regalaras tu opinión y comentarios sobre este libro, para seguir mejorando y que, gracias a tu ayuda, pueda seguir luchando por mi SUEÑO, ayudar a todas las personas que pueda, y que esas personas me ayuden a conseguir mi gran OBJETIVO, CAMBIAR EL MUNDO.

Por mi parte, hoy comienzo a diseñar mi nueva lista de 10 cosas IMPOSIBLES para mí que me comprometo a cumplir, y en la que ya tengo clara una que para mí es IMPOSIBLE y que por lo tanto tengo que hacer:

 Escribir un libro realmente ÚTIL sobre LIDERAZGO ☺

Un abrazo enooorme,

H

Apéndice – Opiniones de Lectores

Te he hablado en el libro de **MIEDOS** debidos a la **INCERTIDUMBRE**. Al terminar de escribir la primera edición de "Cambia para Cambiar el Mundo" me surgió un nuevo **MIEDO** que yo desconocía, y es el "**MIEDO** a que a los lectores no les guste lo que dices, cómo lo dices..."

Te puedo asegurar que, aunque uno esté convencido de lo que dice, siempre le queda esa duda... ¿Les gustará?

Por eso, en esta segunda edición, quiero compartir contigo algunas de las impresiones que algunos lectores me han hecho llegar. Muchísimas gracias a todos:

***

"Comencé leyendo con mucho escepticismo —¡otro más que te dice que si quieres puedes!, pensaba erróneamente—. Luego pasé a la fase "Ummm..." para terminar en modo "asentimiento de cabeza".

Felipe, uno de los amigos de Mafalda, dice "La voluntad debe ser la única cosa en el mundo que cuando está desinflada necesita que la pinchen". *Cambia para cambiar el mundo*, ha sido mi alfiler. Sabía qué tenía que hacer, sabía que quería hacerlo, sabía cómo hacerlo, pero algo me inmovilizaba, quizá el pánico. Terminar el libro y comenzar la acción.

¿Necesitas un pequeño empujón? La respuesta es *Cambia para Cambiar el Mundo.*"

Susana Álvarez
https://elimpulsodelasemocionessite.wordpress.com/

***

"Este es un libro para conocerte, reflexionar y crecer. Un libro, para leer y releer, porque cada lectura puede empujarte construir una nueva realidad o descubrir un nuevo aprendizaje. Héctor ha sabido encontrar el "camino al cambio" y el "cambio de camino". Y su libro nos sirve de palanca de cambio para gestionar nuestra propia historia, porque todos podemos *cambiar... para cambiar el mundo*".

Mayte García
www.maytegarcia.com

***

"Este libro es como un buen amigo que te dice lo que de verdad necesitas para levantar el vuelo, para motivarte y empujarte hacia tu sueño. Una guía real a tu lado. Me dio más seguridad y confianza para saber trazar un buen plan de vida".

Davinia Capote
(LinkedIn - https://www.linkedin.com/in/daviniacapote)

***

"Más que un libro, un propósito.
Héctor ofrece algo distinto, una manera de lograr objetivos vitales y profesionales que va más allá de un plan de acción. Logra que caminemos por el autoconocimiento y el desarrollo personal de una manera estructurada y clara. La guinda del pastel, su historia personal."

Elena Huerga
www.elenahuerga.com

***

"—Es un chute de "yo sí puedo" con los pies en la tierra.
—Te das cuenta de que puedes conseguir lo que te propones.
—Sabes que es difícil pero no imposible."

Nieves Pérez Goñi

***

"Me ha ESPABILADO, ha espabilado a mi motivación, a mis deseos, a mis ganas, a mí misma. Ha removido mi esencia, mi alma y mis propósitos en la vida, por eso me ha zarandeado para volver a ponerme en marcha, me ha situado de nuevo en la casilla de salida. Me ha permitido volver la vista de nuevo a mi interior, recordar muchas cosas que no por sabidas se tienen siempre presentes, y desde ahí surge la fuerza para tomar impulso nuevamente y retornar, de forma activa. el viaje que es la vida."

Teresa Hernando
www.concincosentidos.net

***

"Héctor Trinidad te toma de la mano y te invita a soñar a lo grande para (tras realizar sus ejercicios) sentirte motivado y así poder darle sentido y forma a todo después. Soñar en libertad es vital para lograr que nuestros sueños se sientan, si bien costosos, liberadores. Y es que lograr nuestros sueños no solo nos libera de la impotencia, también libera nuestro talento... ¡Y nos lleva a conocer de verdad nuestro auténtico potencial!
La lectura del libro de Héctor me ha aportado una visión más clara de lo conseguido a través de la introspección y el autoconocimiento que he trabajado este último año. He podido palpar que gran parte de las tareas de cimentar mis sueños y bienestar iban por buen camino, cosa que me ha motivado muchísimo para seguir adelante.
Leyendo *Cambia... Para Cambiar el Mundo* no me he sentido ni presionada, ni vaga, ni tonta, ni ninguna de esas otras horribles sensaciones que pueden despertar otros libros de liderazgo que parecen más interesados en el sensacionalismo y nuestro dinero que en conseguir que sus lectores sean personas autónomas y capaces de reconducir sus habilidades hacia una productividad feliz. Leyendo *Cambia... Para Cambiar el Mundo* me he sentido, sobre todo, capaz. Capaz de soñar a lo loco, revisar a lo cuerdo y crear a lo estratégico y táctico. ¿No supone esto todo un avance, viniendo como vengo de un desempleo de larga duración?"

Rosa Palmer

***

"Enseguida me di cuenta que *Cambia para Cambiar el Mundo* no es un libro más de auto-ayuda. A medida que avanzaba en su lectura tenía más claro que el Desarrollo Personal era lo que estaba trabajando en mí.
Su contenido está repleto de realidades, pero a éstas, para alcanzar una veracidad auténtica, le acompañan ejemplos reales que me han hecho ver y creer que todo cambio puede ser posible."

Carmen Prada
www.consiguetusmetas.com

***

"Lo reconozco, soy un adicto al cambio (personal y profesional) y mi recorrido vital así lo demuestra (3 matrimonios, 6 lugares de residencia, empleado en 6 empresas, de funcionario a empresario pasando por hostelero, etc etc.); pero, siempre con una intención digamos egoísta, por propia voluntad y en beneficio propio. *Cambia para cambiar el mundo*, me ha aportado la visión solidaria del cambio: Mis cambios, también pueden y deben aportar algo a otros! Gracias, Héctor!"

Antonio Fuentes
ALFAAsociación Libre por la Formación para la Acción
Presidente y Co-Fundador

***

"Me enganchó desde el inicio y me leí medio libro del tirón. Fue un flechazo. ¡¡Sentía mariposas en el estómago!! Cargó mi batería al 100% de motivos para pasar a la acción en un nuevo proyecto personal-profesional, que hasta ese mismo momento, necesitaba tanto como miedo me provocaba. Gracias.

Begoña de los Reyes
https://es.linkedin.com/in/delosreyescoach

***

"Cuando un libro te ayuda a "ponerte las pilas", cuando te enseña (o te recuerda) la importancia que tiene la actitud en cualquier proyecto que quieras iniciar, es para tenerlo permanentemente en la mesilla y repasarlo con mucha frecuencia.
Este sería mi resumen de CAMBIA PARA CAMBIAR EL MUNDO y la mejor razón que te puedo dar para que te lo empapes de principio a fin: te encontrarás con una guía para manejar emociones y razones, que te harán ponerte en marcha."

Myriam Sánchez

***

"Este libro ha sido como despertador de Eduardo Noriega en "Abre los Ojos". Cada una de sus páginas silenciosamente me gritaba: "Abre los ojos... ¡¡¡Despierta!!!"
Ha supuesto un toque de atención para recordar cómo son las cosas, cómo funcionan y qué es lo que me motiva e inspira, como ingredientes esenciales e indispensables para alcanzar el éxito"

Manuel Calle Mena
www.manuelcallemundolaboral.blogspot.com.es

Te invitamos a que, después de leer el libro, compartas tu comentario de lo que te ha parecido "Cambia para Cambiar el Mundo", sobre todo en cuestiones como:

—¿Qué te ha aportado?

—¿Qué ha cambiado en ti después de leerlo?

—Cualquier otra cosa que nos quieras compartir.

Puedes hacernos llegar tu comentario por los siguientes medios, entre otros:

Facebook: https://www.facebook.com/cambiaparacambiarelmundo/ Puedes dejar tu comentario y valorar el libro (donde las estrellitas).

Amazon: En cualquiera de las tiendas a nivel mundial puedes insertar el comentario del libro, simplemente tienes que buscarlo y opinar en la parte inferior de la página.

Nuestra página web: www.cambiaparacambiarelmundo.com hemos habilitado un formulario para que nos lo hagas llegar por correo electrónico al final de la página.

No dudes que todo lo que nos digas será tenido en cuenta para mejorar en las siguientes ediciones.

Muchas gracias por tu confianza,

Héctor Trinidad

www.ingramcontent.com/pod-product-compliance
Lightning Source LLC
Chambersburg PA
CBHW072001150426
43194CB00008B/961